U0163985

近代中國知識分子在 Japan ③ 日本

清末至抗戰前，

是中日兩國知識分子往來最熱絡的時期；

在兩者文學思相互激盪中，

對我國產生了什麼樣的深遠影響……

林慶彰◎主編

鄭誼慧、陳蕙文◎編輯

目　　次

序

　　我長期從事經學研究，除了將臺灣、大陸、香港等地的研究成果編成《經學研究論著目錄》外，為了了解經學在日本流傳的情形，也編輯了《日本研究經學論著目錄》、《日本儒學研究書目》。在編輯的過程中，發現從清末以至抗戰前是中日兩國知識分子從事學術、文化最熱絡的時期，此一時段兩國文化交流的情況，也有王曉秋先生撰有《近代中日文化交流史》（北京：中華書局，1992 年 9 月）作了綜合性的論述。

　　但當時知識分子的來往，人數眾多，目的也不一，恐非一本《近代中日文化交流史》所能涵蓋。一九九六年我邀集東吳大學和淡江大學的年輕學者和研究生撰寫《近代中國知識分子在臺灣》的文稿時，也開始邀集這套《近代中國知識分子在日本》的文稿。一九九七年九月起，我接受行政院國家科學委員會補助，赴日本九州大學研究一年，編輯工作也停頓下來。次年八月回國後，開始執行「清乾嘉經學研究計畫」、「清乾嘉揚州學派研究計畫」等兩大計畫，此一編輯工作根本無法進行。去年，才在何淑蘋、鄭誼慧兩位學弟的協助下，將《近代中國知識分子在臺灣》的文稿整理出版。

　　近代中國知識分子赴日本的數量相當多，有些人沒留下很多事蹟，無法撰寫成文，有些雖有留下著作，但遍尋不著，也

　　無法撰稿。經過精挑細選，將清末至民國抗戰期間赴日的知識分子，選出何如璋、黃遵憲、王韜、楊守敬、黎庶昌、孫中山、康有為、梁啟超、章太炎、羅振玉、王國維、陳獨秀、吳汝綸、魯迅、李叔同（弘一大師）、董康、周作人、劉師培、張元濟、郁達夫、李大釗、田漢、郭沫若、辜鴻銘等二十四人。每位為其撰文一篇，文長一至兩萬字，必要時附參考書目，另需將該學者與日本相關之資料列入相關文獻中。文稿大抵於二〇〇二年底收齊。

　　催稿和編輯工作本由何淑蘋學弟負責，因怕影響她撰寫學位論文，改請葉純芳、王清信學弟承擔。全書配圖和校對工作也由他們兩位全權負責。至於相關文獻部分，則由鄭誼慧、陳蕙文兩位學弟根據各篇作者所提供的資料條目，再徹底增補。

　　感謝二十四篇論文的作者作了充分的配合，也感謝上述五位學弟無怨無悔的付出。要推展學術工作，往往需要靠一批肯犧牲奉獻的人，他們二十九位，正是這種精神的代表。這套書雖然從撰寫到成書有五、六年的時間，但我個人研究工作繁忙，能關照這套書的時間相當有限，書中如果有錯誤和疏漏之處，都是我個人的責任。但願我們的努力，能喚起國內學界對近代中日學術、文化交流史的興趣。

二〇〇三年五月

林慶彰 誌於中央研究院中國文哲研究所

董康在日本

蕭開元 *

　　董康是我國清末民初著名的法律學者，在法界的資歷相當
長久，也曾擔任財政方面的工作。他不僅在法律、財政方面有
著很高的建樹，對於中國古書的版本目錄學及傳統詩詞、小
說、戲曲方面也頗有研究。《書舶庸譚》是董康在日本尋訪中
國古籍的一本日記，內容相當豐富，可以說是清末民初東瀛訪
書時期中一部具有代表性的著作，下面我們就對董康的其人其
事及在日本的活動，作簡要的介紹。

一、生平、經歷與著述

　　董康，字授經，又字綬經、綬金，自署誦芬主人，江蘇武
進人。生於清同治六年（1867）三月二十二日。幼年父親去
世，十四歲時寄居五姨家讀書。他的母親與五姨是孿生姊妹，
五姨沒有子嗣，故對董康倍加鍾愛，為其延請名師專攻舉業。
光緒十四年（1888），董康得中舉人；光緒十六年（1890），年
二十四，中庚寅恩科三甲第四十二名進士，授職刑部主事。光

---

* 蕭開元，東吳大學中國文學系碩士。

緒十八年（1892），董康因
丁母憂離職南旋，服闋期
間，曾至上海《時務報》與
梁啟超（1873-1929）共
事，後與李寶嘉（1867-
1906）籌營新聞業於上海，
又與趙元益創立「譯書公
會」，翻譯外國實用書籍。
戊戌政變後，董康入京復
職，八國聯軍攻佔北京時，
董康留守京師，與刑部主事

董康像

喬樹枏（1850-1967，字茂萱，晚歲別署損庵，四川華陽人）
等人設立「協巡公所」，維持北京治安，後因此被提升，又晉
員外郎、郎中。光緒二十八年（1902）董康由沈家本（1840-
1913）保奏為法律館纂修兼京師法律學堂教務提調，並被派往
日本調查司法並延聘日籍教授。光緒三十三年（1907）再度經
沈家本奏調大理院推事，宣統三年（1911）晉刑庭推丞，為大
理院第三號人物。辛亥革命後，董康避往日本京都，並專研法
律。民國二年（1913）返國，不久即活躍於北京政壇，董康應
當時擔任司法總長的梁啟超邀請，於民國三年（1914）二月，
任司法編查會副會長，同月，兼署大理院院長、中央高等文官
懲戒委員會委員長；八月，任大理院院長。四年（1915）一
月，袁世凱授為少卿；十一月，任全國選舉資格審查會會長。
六年（1917）十一月，兼地方捕獲審查廳廳長。七年（1918）

七月，與王寵惠（1881-1956）同充修訂法律館總裁。九年（1920）七月，繼姚震（1884-1935）之後，任大理院院長；八月，任靳雲鵬（1877-1951）內閣司法總長，辭大理院院長職。十年（1921）五月，靳內閣改組，連任原職至十二月底；卸職後，重任大理院院長；同年十二月，梁士詒（1869-1933）組閣，司法總長一職因王寵惠未到任，由董康代理。十一年（1922）四月辭職，由次長羅文幹代理。十一年二月，在代司法總長任內，兼償還內外短期公債審查委員會會長；同月，奉命查財長張弧（1875-1937）涉嫌發行公債舞弊一案，名噪一時；五月，署財政總長；六月，任顏惠慶（1877-1950）內閣財政總長；七月，陸軍、內務、財政、農商等部職員八百餘人，因索薪在國務院鬧鬧，董氏被毆受傷；八月辭職。卸任後，與周自齊（1871-1929）等以「考察實業專使」名義，赴歐美考察，途經巴黎時，曾至法國國家圖書館「敦煌室」研究，以及抄錄有關我國唐代法律史料，收穫甚豐，返國後在上海執業律師。

民國十三年（1924），任上海各法團運動收回公廨代表。十五年（1926）夏，上海法政大學任章炳麟（1869-1936）為校長，董康副之，炳麟辭不就，由董康升任校長。十二月孫傳芳（1885-1935）密令逮捕「皖蘇浙三省聯合會」負責人蔡元培（1868-1940）、董康、褚輔成（1871-1948）等十一人，格殺不論，迫使董康避居日本，冒名書賈沈玉聲往來京都、東京之間，訪求古書，凡遇舊槧孤本，記其版式，存其題識，又致力搜訪戲曲小說，留東時逐日記其所聞，至十六年（1927）五

月重返上海時止，成《書舶庸譚》四卷。返國後，被聘為上海
法科大學校長，同年十月因副校長潘大道（1888-1927）被殺
辭職，由褚輔成繼任，旋兼北京大學法科教授，被目為當代隋
律、唐律權威；民國二十一年（1932）應羅文幹聘任法官訓練
所所長，兼任國難會議會員，二十四年（1935）起任北京大學
教授。

　　抗戰爆發後，民國二十六年（1937）十二月，日軍在北平
成立了偽政權中華民國臨時政府（即華北偽「中華民國臨時政
府」），採委員制組織，董康不顧民族大義，出任日寇「議政委
員會」常務委員兼「司法委員會」委員長，成為臭名昭著的漢
奸，一直到民國二十九年（1940）三月華北偽「中華民國臨時
政府」併入由汪兆銘（1883-1944）領導之偽「國民政府」時
止。在偽「國民政府」中，任「華北政務委員會」委員，民國
二十九年三月，重慶國民政府明令通緝。①董康晚年，移寓北
平宣武門外西甎胡同。抗戰勝利後，董康被國民黨政府通緝入
獄，民國三十六年（1947）病歿，年八十歲。

　　董康著作除《書舶庸譚》外，尚有：《追記前清考試制
度》、《民法於親屬繼承兩篇修正案》、《中國法制小史》；輯
有：《秋審制度・第一編》、《千秋絕艷圖》、《讀曲叢刊》，
與王國維、吳梅等校訂《曲海總目提要》；又刻有《誦芬室叢
刊》，《叢刊》初編七種，多據舊本影刻，自清光緒三十四年
（1908）至民國十一年（1922）刻成；二編計《讀曲叢刊》七
種，民國六年（1917）刊；《盛明雜劇》初、二集各三十種，
民國七年（1918）及十四年（1925）刊；《石巢傳奇》四種，

民國八年（1919）刊；《五代史平話》等四種，民國六年
（1917）刊。上述刻本，俱精雅絕倫，素為士林所重。董康在

---

① 1937 年 12 月 14 日，日本扶植漢奸王克敏、王揖唐等在北平成立
偽政權。抗日戰爭爆發後，日本為進一步併吞和控制華北，即著
手在華北淪陷區策劃建立偽政權。1937 年 7 月底，在北平（北京）
成立了以北洋軍閥餘孽、漢奸江朝宗為主席的「北平地方治安維
持會」。8 月初，又在天津成立了以直系軍閥、政客、漢奸高淩蔚
為首的「天津地方治安維持會」。10 月，日本政府派喜多誠一為
北平特務機關長，扶植漢奸籌建統一的華北偽政權，以王克敏、
董康、湯爾和、朱深、王揖唐、齊燮元等為偽「政府籌備處」成
員。12 月 14 日，華北偽組織和偽「冀東防共自治政府」合併，
在北平成立偽「中華民國臨時政府」，管轄山西、河北、河南、山
東四省及北平、天津兩市。這個偽政權標榜「三權分立」，責任內
閣設行政、議政、司法三個委員會，分掌行政、立法、司法權。
以王克敏為行政委員會委員長，湯爾和為議政委員長，董康為司
法委員長，以王克敏、王揖唐、江朝宗、齊燮元、朱深等為臨時
政府委員。偽政府下設六部：行政部總長王克敏，治安部總長齊
燮元，教育部總長湯爾和，賑濟部總長王揖唐，實業部總長王蔭
泰，司法部總長朱深。偽政府採用北洋軍閥政府時期的紅黃藍白
黑五色旗為「國旗」。同時發表「政府成立宣言」，聲稱要「絕對
排除共產主義，發揚東亞道義」。「臨時政府」成立後，日本政府
與之簽訂「政治技術指導協定」，用所謂「日本進步的行政、法
制、軍事的技術由側面來指導華北的政治」。1938 年 4 月，日本
政府派行政、法制和軍事高級顧問三名常駐「臨時政府」，並派輔
佐官十五人分駐各部。「臨時政府」的一些重大施政措施及人事
調動，完全受日本控制。5 月，王克敏去東京，與日本商定以
「分治合作」的辦法，成立一仲介機構，作為統一的偽政權成立前
的過渡。9 月 22 日，「中華民國政府聯合委員會」在北平成立。
「臨時政府」派王克敏、王揖唐、朱深為委員，「維新政府」派梁
鴻志、溫宗堯、陳群為委員，以王克敏為主席。1940 年 3 月 30
日，汪精衛的偽「中華民國國民政府」在南京成立後，北平偽
「臨時政府」改稱「華北政務委員會」，名義上隸屬南京汪偽政
權，實際上仍保持相對的獨立性。

法律及文學兩方面頗有造詣，法律學的著作有《中國法制史講演錄》，而他在遊歷歐美及日本時，對西方的法律制度也有所研究，是近代中國貫通東西法學的知名學者。在文學方面，董康於詩詞很有造詣，並有《課花庵詞》一卷行世。

二、誦芬室──董康的藏書與刻書事業

「誦芬室」是董康的藏書室名。

董康在官場、法庭、杏壇以外的書堆生涯，大致可分為清末光緒、宣統時期的收書藏書，與民國以後的刻書印書。董康藏書始於得中進士進京為官任職刑部之後。那時他經常流連於琉璃廠書肆搜訪古籍，並以宋、元及明嘉靖以前的古本為主。由於官俸低廉，價昂之書多不敢問津，但他的鑑別力過人，極具慧眼，常常能從書商認為毫無價值的書堆裡發現珍本秘籍。

⑵ 法式善（1752-1813），是清代蒙古族中用漢文著作的學者兼詩人。姓烏爾濟氏，本名運昌，字開文，號時帆，蒙古正黃旗人。乾隆四十五年（1780）進士，被選拔為翰林院「庶吉士」（清制，殿試最佳者才改庶吉士）。入翰林院後，除繼續學習深造之外，並以「庶吉士」參加了武英殿分校《四庫全書》的工作。乾隆五十九年（1794）被提拔為國子監祭酒，執掌成均之法，熟諳當時制度掌故，後官至侍講學士。法式善是清代蒙古族唯一參加編撰《四庫全書》的學者，他除負責提調翰林院所藏書籍之外，還參與了大量的編校工作。另外還撰寫不少有關歷史方面的著作，其中具有史料價值的是《清秘述聞》、《槐廳載筆》和《陶廬雜錄》。法式善不僅是一位學者，而且也是乾嘉時期享有盛名的一位詩人，他的詩多為寫景、詠物、酬贈、送別和應制之作。論詩信奉王士禎的「神韻」說，作詩學王維、孟浩然。所著有《存素堂詩集》，又編集時人詩為《湖海詩》六十餘卷。

如他曾以八元的廉價購入清法氏善（梧門）②手抄的《宋元人小集》八十冊，被葉昌熾（1849-1917）羨歎為「書痴有此奇遇，不覺令人生妒心」！後來在民國五年（1916），他又蒐得一部數百年來未見的宋代周密《草窗韻語》六卷，這是歷代藏書家未曾發現的一部秘籍，當時的書界人士沈曾植（1850-1922）稱之為「尤物」、「妖書」。此書後來董康以二千元高價賣與蔣汝藻（孟蘋），蔣氏如獲至寶，大喜之餘，也將他的書閣「傳書堂」重新命名為「密韻樓」。這兩件事在當時被傳頌一時，董康也因此在藏書界聲名大振。

董康一生聚書不多，且隨聚隨散，有錢時購入，無錢時以書易米，也頗為瀟脫。辛亥革命後，董康避往日本時，誦芬室歷年藏書也隨身攜往，他和羅振玉、王國維都客居京都，但董康卻不如他二人生活得優游自在，日子過得頗為艱辛。在生活窘困的情形下，原擬開設書肆營生，然不知何故未能實現，因此便將部分藏書售給日本鉅富大倉氏以維持生活。民國二年（1913）底，董康自日本回國時，將剩下的精本載往上海，而這些精本又讓歸幾個新崛起的藏書家，如宋刊本《吳郡志》經繆荃孫（1844-1919）介紹，以八百元讓給劉承幹（1882-1963）的「嘉業堂」，可見當時董康以書易米時的悵惘。他有一位夫人名玉娟，又名玉姬，是董康後半生為之心儀的女子。玉姬娶於民國三年（1914）歲末，當時董康身無餘財，只得效仿明代朱大韶以美婢易袁宏《後漢紀》的故事，將所藏五代寫本《文選集注》之殘卷《誄詞》售出，以備資婚嫁。此書後為書商張月岩以萬元巨值賣與日本人勝山氏。

董康十分注重小說、戲曲書籍的收藏，他與王國維等人是
清末以來我國研究民間文學的第一代學者，因此誦芬室藏書的
另一項特點，就是一向不被學者所重視的民間戲曲與小說。自
從清末民初董康與王國維、吳梅等人開風氣之先，注意及此之
後，各類民間文學才逐漸為人重視，再由於適逢其會的白話文
運動推波助瀾，這些「小道」的研究便形成普遍的風氣。今日
我們從國家圖書館的善本藏書中，便至少可以見到十部以上曾
經是誦芬室舊藏的戲曲，其中較著名的有怡親王府抄本《己卯
本脂硯齋重評石頭記》、《李卓吾批評幽閨記》、《浣紗記》、
《孔夫子周遊大成麒麟記》、《麗句亭評點花筵賺樂府》等等，
而這些原都是董康於民國二十年（1931）時讓售給北平圖書
館，在抗戰中隨大批善本古籍運載美國，而在民國五十四年
（1965）時運回臺灣，由中央圖書館（今國家圖書館）保管
的。輾轉萬里，睹書思人，有如胡適所說的：「董先生是近幾
十年來搜羅民間文學最有功的人！」③

　　根據上述，董康的藏書有兩次大宗的出售，一次是民國初
年東渡日本時，售與日本鉅富大倉氏，一次是在民國二十年
（1931）售與北平圖書館。另南京圖書館現藏有董康《誦芬室
藏目》一卷，手抄本，只存甲部四集，共六十三種，大部分為
明清刻本，每集後題一萬元，大概為其賣書清單，然不知買者
為何家？

　　自從董康以書易米、售書解窘而後，他對書籍的觀念與重

⑶ 胡適：《書舶庸譚·序》，見董康著：《書舶庸譚》（臺北：世界
　書局，1971 年），頁10。

心由藏書轉而偏重於刻書，「以影印異書為唯一之職志」，希望藉由刻書的方式將珍本、秘本廣為流傳，嘉惠天下寒士，也因此成就了他的刻書事業。

董康刻書始自光緒三十年（1904）左右，他在北京爛漫胡同法源寺的寓所內，以每月收入的三分之一，長期雇養一批「手民」（即工匠），刻書四十餘年，沒有間斷，自刻有《誦芬室叢刊》三十餘種，並為吳昌綬雙照樓、陶湘涉園、蔣汝藻密韻樓、羅振玉等人代刻，使得他在出版事業上有著不錯的成就，也使他的刻書名聲較之於藏書更為有名。董康所刻的書中，較著名的有《誦芬室叢刊》八十六種，以元明雜劇為主；《廣川詞錄》十種，為董氏家族詞集；《詩慰》三十四種，為明人詩集。董康刻書力求復古，也幾乎從不為之撰寫序跋及校勘記。曾刻《禮記正義》一書，裝潢版式一如原書，並以棗木為護版，甚為精美。但董康刊刻之中最有名的，則是光緒三十三年（1907）日本漢學家島田翰所撰的《皕宋樓藏書源流考》。此書是島田在秘密促成皕宋樓售給岩崎氏後，寫好從日本寄請董康刊行的，結果震驚全國學術文化界，無不痛悼名列海內四大藏書家的皕宋樓一去不返，董康自己便長歎古籍流落異域，反不如自來雖遭無數水火兵災，至少魂魄還能長守故土。④

---

④ 董康〈皕宋樓藏書源流考并購獲本末題識〉云：「古芬未墜，異域長歸，反不如臺城之炬、絳雲之爐，魂魄猶長守故都也。」見於李希泌、張椒華編：《中國古代藏書與近代圖書館史料（春秋至五四前後）》（北京：中華書局，1982 年），頁490。

　　除了傳統雕版刻書外，董康也從事新興的影印和活字排印。他在日本遊歷期間，結識了東京玻璃影印製版高手小林忠次郎，並與之結為至交，因此董康影印的書，大都寄到日本由小林忠次郎為其製版印刷。著名的有瞿氏鐵琴銅劍樓所藏元至元三年（1266）刻本《皇元風雅》一書，印製十分精美。至於鉛版活字印刷，在民國三〇年代以後相當盛行，傳統的雕版木刻印刷，無論在時間或費用上都無法與之競爭，因而逐漸式微。董康雖鍾情於雕版印刷，卻也只能「舍棄誦芬室雕版故業，而從事仿宋活字之新生活」。⑤然董康有感於鉛字字體多惡劣呆滯，為了要講究宋體字的真面目，不願採用市面上一般毫無古意的鉛字，遂不惜將所藏的《龍龕手鑑》與《廣韻》兩部字書拆散，作為鉛字的字範⑥，這種為了印書而毀書的決心，實在是一般人所無法想像的，而他這種敬業的精神，足為後代印刷事業的楷模。

三、關於《書舶庸譚》

　　《書舶庸譚》是董康於民國十五年（1926）底至十六（1927）年五月初避居日本時的日記，原有四卷。由書名即可得知是談論中國書籍在海外流落的情形。「舶」的意思就是「載往何處」之意，「譚」即「談」，也就是談論所見所聞之

---

⑤ 董康：〈創製仿宋活字序〉，見於張靜廬輯註：《中國出版史料補編》（北京：中華書局，1957年），頁286-287。
⑥ 同前註，頁286。

《書舶庸譚》書影

事。在四卷本《書舶庸譚》成書之後，董康又有三次日本之行，一次是民國二十二年（1933）十一月，董康應日本中國法制研究會之邀，赴日講學；一次是民國二十四年（1935）四月，東京湯島孔子聖堂落成，日本斯文會邀請董康參加落成典禮；一次是民國二十五年（1936）八月，董康攜其妻玉姬赴日本避暑。這三次日本之行，董康也都將每日生活寫成日記，而且將這三次日本行的日記置於原來四卷本的《書舶庸譚》之後，使其從四卷擴充至九卷，也使得我們現在看到的《書舶庸譚》，共有四卷本和九卷本兩個版本。

雖然九卷本的《書舶庸譚》，是在四卷本的基礎上賡續而成，但仍有不同之處。照理說，九卷本的前四卷，應該與四卷本的內容相同，因為在時間上是完全一致的，但是將九卷本前四卷的內容和四卷本的《書舶庸譚》相互對校，可以發現九卷本之前四卷在文字上做了一些更動，比如刪去了四卷本中一些敏感的政治問題，以及增加了董康所作的詩詞、敦煌寫本《神龍散頒刑部格》等內容。因此我們不能將九卷本前四卷的內

容，和四卷本的《書舶庸譚》視為一物，這兩個部分是有所差異的。

《書舶庸譚》四卷本的版本，有戊辰年（1928）董康自刻本和庚午年（1930）大東書局石印本。九卷本則有己卯年（1939）季冬董氏誦芬室重校定本，而這個九卷本的《書舶庸譚》又在庚辰年（1940）重印過，並增加了傅增湘的一篇序文，又附上董康的《課花庵詞》。筆者試將《書舶庸譚》的版本製作表格如下，使讀者易於明瞭。

版本及刊刻時間	四卷本		九卷本	
	戊辰年（1928）董康自刻本	庚午年（1930）大東書局石印本	己卯年（1939）季冬董氏誦芬室重校定本	庚辰年（1940）據己卯年季冬董氏誦芬室重校定本重印
記敘時間	民國十五年十二月底至十六年五月初		一至四卷：民國十五年十二月底至十六年五月初（以四卷本之內容為基礎，文字稍有改動） 五至七卷：民國二十二年十一月至二十三年一月 八卷：民國二十四年四月至五月 九卷：民國二十五年八月至九月	
異同	一、胡適序 二、趙尊嶽序 三、自序		一、庚辰年傅增湘序 二、胡適序 三、趙尊嶽序 四、自序 五、郭則澐跋 六、自跋 七、附《課花庵詞》	

四、關於東遊及日本朋友

關於民國十五年（1926）底避禍日本一事，董康的記載是這樣的：

> 詎兩月前，因某公會假名通電一事，速某方之誤會，遂迴北轍，重理東航。託大東書局經理沈駿聲為購是日出帆之長崎丸航行券，即冒伊弟玉聲之名，范叔之為張祿，古今有同慨也。（《書舶庸》，卷1，1月1日）

「因某公會假名通電一事，速某方之誤會」，其實是北伐進行中的一段插曲。民國十五年（1926）八月十六日，由蔣中正率領的國民革命軍正式下令討伐孫傳芳（孫當時為皖、江、浙、閩、贛五省聯軍總司令），而當國民革命軍勢如破竹時，漸感不支的孫傳芳暗中勾結北方奉系的張作霖、直魯系的張宗昌派兵南下，值此戰雲密佈之際，忽然出現江蘇名紳唐文治（1865-1954）署名歡迎北軍的通電，並立即又有董康等人質問唐文治的通電，雖然後來唐文治、董康二人先後聲明是遭他人冒名利用，但孫傳芳暗中勾結北軍之行跡已經曝光，使國民革命軍知其軍事戰略，孫傳芳因而惱羞成怒，便於十五年十二月二十四日下令通緝「皖蘇浙三省聯合會」負責人蔡元培、董康、褚輔成等十一人，格殺不論，迫使董康冒名書賈沈玉聲之名匆匆避居日本，也因此間接促成了董康民國十五年底至十六

年五月初遊日日記的《書舶庸譚》，並在未來三次的日本行之後，得以將《書舶庸譚》擴充至九卷。

在這九卷日記的《書舶庸譚》中，具有相當高的學術價值，我們可以從以下三方面進行認識。首先，日記記載了董康在日本訪書的經歷，記錄了董康在日本所見到的漢籍圖書。董康在日期間，幾乎每天都到日本各大藏書處，如宮內省圖書寮、內閣文庫、東洋文庫以及各間書舖看書、訪書、購書。宮內省圖書寮是日本皇家圖書館，為日本秘閣，所藏雖不以宋元名槧著名，但孤本秘籍遠在清天祿琳瑯之上。內閣文庫是以日本十七世紀德川幕府藏書為主，而其中小說戲曲一類的秘籍尤多。董康在這些地方訪書的重點有三：第一是「手抄本」，特別是敦煌卷子、手寫本《文館詞林》等；第二是「宋、元舊槧本」；第三是「民間戲曲小說」。董康每看一書，必就其行款、版框尺寸、版本、名人題跋及缺損情況等作詳細紀錄，有的還多方查考，甚至寄函回國囑人郵寄書冊佐以考證，於許多秘籍之版本流傳多有發明，成為版本目錄學及研究日本收藏中國古籍情況不可多得的珍貴資料，可使讀者得以目睹日本所藏漢籍之概貌。特別是董康對民間戲曲小說的訪求，可以說居功厥偉，並且被胡適稱之為是：「近幾十年來搜羅民間文學最有功的人，……記錄了許多流傳在日本的舊本小說，使將來研究中國文學史的人因此知道史料的所在。」從日本訪書史的角度，我們可以做這樣的認識：《書舶庸譚》是繼楊守敬《日本訪書志》之後的又一巨著，並開啟孫楷第（1898-1986）等專訪通俗小說的先河。

其次，《書舶庸譚》記載了董康在日本期間和日本人士的
交往情形。日本自古以來有許多熱心中國文化、精通中國文化
的人，董康在日期間，與他們往還頻繁，或聚會宴飲，或訪問
暢談，或切磋學問，或交流書籍，這些活動內容，都記載在
《書舶庸譚》內，而這也成為中日文化交流史上的紀錄。

第三，《書舶庸譚》中保存了許多史料，而其中有些史料
是董康的親身經歷，更增加史料的可信度。如卷一記載英、
美、日三國用庚子賠款建設文化事業的經過，記北京文化會委
員名單不合己意等。而關於日本史料部分，有狩谷掖齋的〈墓
誌銘〉、〈紫式部傳〉、〈空海傳〉等，特別是記豐臣秀次傳及
其切腹儀式，相當詳盡，為胡適所稱道。

根據上述，董康民國十五年（1926）底避居日本期間，雖
言避難，但是卻以尋訪遺書、探求秘籍為目的，並且有相當大
的貢獻，如尋訪敦煌古籍、探求流落海外之宋元舊槧，抄錄其
回目，校理其異同，與舊雨新知相互切磋，都成為董康此行的
重要收穫。

談到董康的東遊經歷，自然應談談他的日本朋友。董康在
敦煌學興起之時，就參與了研究，並和日本若干學者往還極為
密切。按中國敦煌古書發現於清光緒三十三年（1907），繼伯
希和、斯坦因等人開始研究之後，日本學者內藤湖南（1866-
1934）⑦、狩野直喜（1868-1947）⑧等人也對此一熱門學
問，加以研究，董康也與內藤、狩野時相往來。如內藤湖南曾
於民國十三年（1924）自巴黎致董康一函，告知他在歐洲訪求
敦煌遺書的經過，並且有某些「多貴國所佚」之書。民國十六

年（1927）一月二日，董康在日本拜訪內藤湖南，內藤出示北
宋本《史記》、《毛詩正義》二書，閱訖，內藤再出示敦煌遺
書二百餘種，並答應董康可以帶回寓所校錄，故董康得以在校
理群書之後，將結果記載於《書舶庸譚》之中。另外，內藤又
送給董康《華甲壽言》、《航歐集》、《支那學》及羽田亨博士
與伯希和出版之敦煌遺書影印活字本，可見二人之交情匪淺。
《書舶庸譚》中有〈將去京都留贈湖南〉詩，在詩中表達了董
康和內藤兩人相約要將敦煌遺書合梓行世的願望，更可見兩人
對中國古籍保存的重視。

　　狩野直喜也是董康在日本期間往還密切的友人之一，也是
一位研究敦煌學的權威，收藏相當豐富，經常將所存的圖書影
片與董康的相互借閱參校，並與董康時相討論。另外，狩野相

---

(7) 內藤湖南，名虎次郎，字炳卿，號湖南，明治18年（1885）縣立
　　秋田師範學校畢業，任小學訓導。曾擔任大阪《朝日新聞》、《臺
　　灣日報》記者。明治40年（1907）自中國視察返日後，任京都帝
　　國大學文科講師，講授東洋史課程，後升任教授；43年（1910）
　　獲文學博士，大正15年（1926）退休。內藤為東洋史學大家，又
　　精通經學、文學。著有《讀史叢錄》、《研幾小錄》、《日本文化
　　史研究》、《近世文學史論》、《支那論》、《新支那論》、《支那
　　古代史》、《清朝史通論》、《支那史學史》、《中國近世史》、
　　《支那繪畫史》、《燕山楚水》等書。筑摩書房有《內藤湖南全集》
　　發行。
(8) 狩野直喜，明治28年（1895）東京帝國大學漢學科畢業，留學中
　　國。明治36年（1903）任臺灣舊慣調查委員，參與編輯《清國行
　　政法》。39年（1906）任京都帝國大學教授，昭和3年（1928）
　　退休。翌年，為東方文化學院京都研究所初任所長。尊信清儒學
　　風，學術宗尚考證。著有《中國哲學史》、《支那學文藪》、《兩
　　漢學術考》、《魏晉學術考》、《支那文學史》等書。

當雅愛中國舊小說，而董康借得狩野之書，自然也以小說為大宗，如《馮夢龍評點西廂記》、《傳奇彙考》、《醒世恆言》等。其中狩野所藏殘本《醒世恆言》十冊中，與《今古奇觀》重複的部分十有三四；而其所藏《傳奇彙考》三函，經董康與《曲海總目》相互參校，實多七十多種，而「《考略》與《彙考》各為一

狩野直喜 像

書，《彙考》在後，大致竊錄《考略》原文，而撰人則每有不同也。」⑨而二人之學術談論內容，則不拘範圍，舉凡漢籍提要之增補、滿清舊聞、清代考試制度、清代學術升降，皆有涉及。在雜劇小說方面，董康與狩野的討論是這樣的：董康以為「元時雜劇風行，始有長篇小說，至明而學士文人並起提倡，盛極一時，猥褻之作，皆出斯時」，而「狩野博士更認為明時理學家甫離講座，即手握《金瓶梅》一編，並謂其近於陽明一派」，但董康認為這樣的說法並沒有確實的根據。從他們的論談之中，可以想見二人情誼之深，而狩野借閱所藏之傳奇、小

⑨ 語見董康著：《書舶庸譚》（臺北：世界書局，1971年9月），頁124。

說給董康，使董康得以著錄、考校，使在日本訪書之著錄、解題更臻完備；而董康知曉清代舊聞、典章，並精於目錄版本之學，充實狩野對中國之見聞，也間接使狩野感受到董康的學養內涵。

日本近代著名漢學家神田喜一郎（1897-1984）⑩也是董康的舊識。神田喜一郎為神田香巖之孫，據董康在《書舶庸譚》中回憶道：

> （神田喜一郎）為香巖翁之孫。余壬寅年（1902）客此，曾宴翁於南禪寺瓢亭。今翁下世已久。君則深於漢學，洞悉宋、元版本，充宮內省圖書寮校理。（《書舶庸譚》，卷1，1月1日）

> 十一時，偕小林至瓢亭午餐，亭在南禪寺境內。……二十年前曾觴神田香巖翁於此，今度重來，恍如棲燕之認舊巢也。（《書舶庸譚》，卷4，4月26日）

從上述兩段引文可知，董康與神田家之交往時間極長，感情極深。由於神田喜一郎任圖書寮校理，因此得以引介董康入寮借閱秘閣珍本。日本秘閣藏書相當豐富，其所藏我國古本、珍本，尤為其他圖書館所不及。神田喜一郎為此曾繪製甲、乙兩表，詳示日本秘閣藏書源流，極為明瞭，董康也讚嘆日本秘閣藏書之富云：

蓬瀛世界，亦有蘭臺東觀，若清室天祿舊藏，贗本為多，

⑩ 神田喜一郎，號鬯盦，明治 30 年（1897）10 月 16 日生於日本京
都市。父神田喜左衛門。神田家世代務商，為京都著名之商家。
祖父神田香巖，工漢詩且長於書畫鑑賞，嗜書物，喜收藏中、日
古籍，曾任京都博物館學藝委員，與中國羅振玉、王國維、董康
等嘗有交往。神田喜一郎自幼受祖父薰陶，對中國文學、歷史極
具興趣，亦能創作漢詩。第三高等學校畢業後，於大正 6 年
（1917）入京都大學文科大學史學科，受業於內藤湖南、桑原騭
藏、小川琢治諸先生。10 年（1921）3 月自史學科（東洋史學專
攻）畢業。4 月，入學同校大學院，並任大谷大學豫科教授。12
年（1923）任大谷大學教授。15 年（1926）辭去大谷大學教授
職，任宮內省圖書寮囑託，從事漢籍目錄典籍之編纂。昭和 4 年
（1929）3 月，編纂事畢。以藤田豐八先生之推舉，任臺北帝國大
學文政學部東洋文學講座，自昭和 4 年（1929）4 月至 20 年
（1945）1 月，前後近 16 年，擔任「東洋文學普通講義」、「東洋
文學講讀」、「東洋文學演習」等科目，授課內容有「東洋文學
史」、「漢詩概說」、「元雜劇」、「元曲」、「清人詩話」、「尚書
正義」、「毛詩注疏」、「文心雕龍」等。21 年（1946）5 月，任
大谷大學教授。23 年（1948）11 月，轉任大阪商科大學教授。
24 年（1949）4 月，任大阪市立大學教授。25 年（1950）1 月，
以《日本書記古訓考證》獲頒京都帝國大學文學博士學位。27 年
（1952）1 月，任大阪市立大學法文學部部長。5 月，任京都國立
博物館館長。28 年（1953）3 月，辭去大阪市立大學教授職；4
月，任京都大學文學部兼任講師。35 年（1960）7 月，卸任京都
國立博物館館長職。47 年（1962）11 月，獲選為日本學士院會
員。59 年（1984）4 月 10 日逝世，享壽 88 歲。主要著作有《支
那學說林》、《東洋學說林》、《日本書記古訓考證》、《敦煌學五
十年》、《墨林閒話》、《藝林談叢》等。編輯及監修書籍有《敦
煌祕籍留真》、《敦煌祕籍留真新編》、《書道全集》、《茶道古典
全集》等。另《神田喜一郎全集》全 10 卷由同朋社出版。先生任
教臺北帝國大學期間曾參與購入福州龔氏「烏石山房藏書」及久
保天隨先生歿後所遺之藏書，今「烏石山房文庫」及「久保文庫」
圖書藏於臺灣大學圖書館，為學界所貴重。

實不逮其什一也。（《書舶庸譚》，卷4，4月19日）

　　神田喜一郎家藏善本不少，如《王百穀評本文心雕龍》、宋槧《漁隱叢話後集》、趙松雪書《圓覺經》等，董康都予以著錄，存其題識。董康得到神田喜一郎最大的幫助，就是神田喜一郎收藏的明刻初印本《李卓吾評點西廂記》一書。此書內有「十美圖」，董康後來影印出版的《西廂記》版刻插頁圖譜《千秋絕艷圖》，其中數頁就是選自神田喜一郎收藏的明刻初印本《李卓吾評點西廂記》一書。

　　另外還有一位值得一提的日本友人，就是協助董康影印書籍的小林忠次郎。董康與小林不只是生意上的往來而已，民國初年董康隻身由日本返國時，便將留在京都的眷屬交託小林照顧，爾後數十年間兩家依然往還不絕，而且交情甚好，這由董康的《書舶庸譚》中可見其二人交往之情形，董康甚至形容與小林的感情是這樣的：「文字因緣固有勝於骨肉親知萬萬者。」[11]《書舶庸譚》中載有一首七律，題為「小林忠治送余登舟別去，入夜追憶舊游，不能成寐，撚燈吮墨，作此寄之」，由此更可見二人之情誼深厚。

　　董康在日期間，幾乎終日都在日本的秘閣及文庫中檢閱書籍，因此也對日本這些藏書的處所做了一番藏書源流的考證，

---

[11] 董康云：「小林者，業寫真版。余曩時印玻璃版各書，皆其所製，為海東第一名手。昔年眷口僑寓東山，時相往還。余回國後，諸幼賴以調護，無異手足。余一生以影印異書為唯一之職志，惟此書友、印刷業數君，始終不渝，文字因緣固有勝於骨肉親知萬萬者。」見《書舶庸譚》，卷1上，頁52。

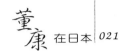

使後人得以考見日本蒐藏漢籍的概貌，也有益於目錄版本學之研究。以下羅列董康《書舶庸譚》所記日本文庫、秘閣藏書始末，以見梗概。

藏書單位	日期	內容
東洋文庫	民國十六年二月二十三日	文庫之建，約及十年。最初購北京「泰晤士報」記者毛利生遺書十六萬圓。設辦事處以管理之後，益以岩崎氏所藏，募資達二百萬圓，作為財團法人，即定今名。岩崎分新、舊兩家，此為舊岩崎，購皕宋樓藏書者為新岩崎。就原目增刊《靜嘉堂藏書志》行世。
尊經閣文庫	民國十六年三月十五日	前田侯，十一世綱紀公，性嗜古籍，凡本邦國典藝文及漢土佚書，徵求不倦。築藏書文庫，名曰「尊經閣」。明治革新雖稍稍散佚，而存留尚富。
金澤文庫	民國十六年三月十五日	金澤實時北條氏之族也。性耽書籍，營庫於武州之金澤，藏書萬卷，刻「金澤文庫」四字，鈐於佛經者朱色，儒家者黑色。後世獲其書，異常彌祕。其裔貞顯清原敦隆於金澤，講群書治要，今世所行者即此本也。
佐伯文庫	民國十六年四月六日	佐伯為日本藏書大家，文政丁亥獻諸德川幕府。至慶喜還政權，書儲於「內閣文庫」。經宮內省室提取佳本入圖書寮，凡鈐「佐伯侯毛利字培松」朱文鉅印者，皆當時獻書之一也。

	序文	德川幕府廣開獻書之路，右文致治，稱盛一時，維新歸政，擇優納諸宮內省圖書寮，群流匯海，典籍遒宏矣。
內閣文庫	民國十六年一月十日	日本內閣藏書雖無宋、元舊槧，頗多罕見之本。
	民國十六年三月二十三日	（內閣藏書）皆德川氏所遺，用小箱存儲，箱蓋題書名，約略分類，佳者已提入圖書寮，餘書名目尚富，足為德川幕府昌明儒教之徵。
	民國十六年三月二十五日	內閣書，小說最富。

五、結語——現代史上無法抹去的一頁

　　漢籍東流，由來已久。至少在西元六世紀，大量漢籍就流入日本。由於日本氣候宜人，少黴蝕之害，貴族、寺院嚴護有法；而漢籍故土卻兵燹不斷，書厄接踵，典籍損毀嚴重，以致許多珍本在國內已無處尋覓。清末民初的中國學者，為求搜訪中國佚書，不惜遠渡日本，在這段期間內著名的有黎庶昌、楊守敬、董康、張元濟、傅增湘、孫楷第等人。這些人的貢獻，形成了一段清末民初東瀛訪書史。楊守敬在日本逗留四年，得書萬卷，對所獲圖書，就書名、題跋、序目、行款、刊刻等作詳細筆記，這些筆記後整理分四部付印，即著名的《日本訪書志》，更協助黎庶昌將中土未有之善本刻印成《古逸叢書》，共二十六種，二百卷。董康則有《書舶庸譚》，記載了他經眼的

漢籍善本書錄，其中宋元舊刊之著錄有三十九本，小說演義、
傳奇戲曲之著錄與記述，約有一百三十一種。張元濟三次到日
本，第三次去日本正值《四部叢刊》初編重刊，所以他利用這
次訪日機會，廣求孤本善籍，以彌補《四部叢刊》之不足。傅
增湘受楊守敬、董康、張元濟影響，於民國十八年（1929）秋
日掛職故宮圖書館長後，至日本作了一次訪書暢遊。傅增湘雖
在日本不足一個月，但成績頗豐。回來後，即著手整理筆記，
定稿為《藏園東遊別錄》四卷，主要記錄古寫本、宋元善本，
每條書目後詳記版本、著者、版式，並加以考證，在《國聞週
報》上連續刊出，但沒能集書出版，一直到民國七十二年
（1983），才收入《藏園群書經眼錄》。民國二十年（1931），孫
楷第受北京圖書館委託，至東京調查日本公私圖書館收藏中國
小說的情況。回國後，他把在日本搜集的約百種小說的資料，
整理出版了《日本東京所見小說書目》六卷，分為「宋元」、
「明清」兩部，共收錄一百一十部小說，每條書目都有題解，
考證極詳，這部書目後來收入《中國通俗小說書目》。因此在
這段清末民初東瀛訪書的時期中，中國學者收穫最大的是在日
本尋訪到珍貴的中國古本小說，並影響了中國古籍版本目錄
學，也促進了中日文化的交流。

　　平心而論，研究中國小說、戲曲者，都不可能繞過董康。
他的確對小說、戲曲史研究做出過貢獻，是應該佔有一席之
地，但他仍然被人們不經意地遺忘了，如同羅振玉在民初國學
研究的學者之中，就不如王國維、郭沫若來得響亮，甚至現在
想在圖書館或書店中想要找到一些羅振玉的詩文和傳記都不太

容易，但羅振玉對甲骨文字、敦煌文卷、漢晉木簡以及古代銘器等方面的成就是相當高的，自然不應該被遺忘。董康也是如此，或許他在晚年的政治生涯上蒙上陰影，被國民政府認為是「漢奸」，但作為一位研究中國法制史的學者、隋唐律的權威，有著「董聖人」（"Tung Sheng-jen" or "Tung the Sage"）⑫之號的董康，在中國的法律研究史及對中國古籍的熱忱上，他的功勞，的確是不容抹煞的！

參考書目

書舶庸譚（四卷本）　董康著　臺北　廣文書局　1967 年

書舶庸譚（四卷本）　董康著　傅杰點校　瀋陽　遼寧教育出版社　1998 年

書舶庸譚（九卷本）　董康著　臺北　世界書局　1971 年

董康東游日記　董康著　王君南整理　石家莊　河北教育出版社　2000 年

相關文獻

賈士毅　　民國初年的幾任財政總長（七）
　　　　　傳記文學　第 6 卷第 4 期　頁 55-56　1965 年 4 月

---

⑫ 語見 "Tung Kang"（董康），Howard L. Boorman, ed. Biographical Dictionary of Republican China, vol. 3, pp. 341 ；又見柳存仁著：《外國的月亮》（上海：上海古籍出版社，2002 年 5 月），頁 170。

蘇　精　　盛宣懷、董康、陶湘（中）——近代江蘇武進藏書
　　　　　刻書人物
　　　　　傳記文學　第38卷第6期（總第229期）　頁59-
　　　　　61　1981年6月

關志昌　　董康
　　　　　民國人物小傳　第4冊　頁341-343　臺北　傳記
　　　　　文學出版社　1981年12月

蘇　精　　董康誦芬堂
　　　　　近代藏書三十家　頁63-68　臺北　傳記文學出版
　　　　　社　1983年9月

江慶柏　　董康誦芬室藏書與日本的關係
　　　　　北京圖書館館刊　1999年第4期（總第30期）
　　　　　頁119-122轉頁102　1999年12月

宋念慈　　董授經先生和他的日本朋友
　　　　　傳記文學　第7卷第2期　頁37-40　1965年8月

董　康著，王君南整理　董康東遊日記
　　　　　石家莊　河北教育出版社　6,466面　2000年

芳村弘道　董康《書舶庸譚》譯注㈠
　　　　　就實語文　第12號　頁101-131　1991年11月
　　　　　董康《書舶庸譚》譯注㈡
　　　　　就實語文　第13號　頁113-147　1992年11月
　　　　　董康《書舶庸譚》譯注㈢
　　　　　就實語文　第14號　頁59-89　1993年11月
　　　　　董康《書舶庸譚》譯注㈣

就實語文　第15號　頁273-288　1994年12月

董康《書舶庸譚》譯注㈤

就實語文　第16號　頁163-192　1995年11月

董康《書舶庸譚》譯注補訂

就實語文　第20號　頁213-258　1999年12月

連清吉　清末民初中國學者於日本文化之受容──以董康
　　　　《書舶庸譚》為例

中外關係史國際學術研討會論文集　頁213-232

臺北　淡江大學歷史學系　1989年6月

周作人在日本

王鼎興 *

一、赴日動機

對周作人①而言，旅居東京五年多的生活②，無疑的，對

＊ 王鼎興，東吳大學中國文學系碩士。

① 周作人，本名周槐壽，自號「起孟」，常用之筆名有：「啟明」、
「獨應」、「仲密」、「周逴」等。浙江省紹興縣人，生於清光緒
11 年（1885），卒於民國56 年（1967）。幼年喪父，於鄉塾研習四
書五經；17 歲時，考入江南水師學堂輪管班，在校五年後，考取
公費赴日留學考；於光緒32 年（1906）時前往日本進修，初進法
政大學預科，繼轉立教大學文科，後娶日女羽太信子為妻。民國
前1 年（1911）返鄉，民國6 年（1917）赴北京，至民國26 年
（1937）間，先後任北京大學國史編纂處編纂員、北京大學文科教
授、並兼任高等師範學校（後改師範大學）、女子高等師範學校
（後改女子師範大學）、女子文理學院、燕京大學、華北學院、平
民大學、中法大學及孔德學院等校教授。以提倡新文學、小品散
文及翻譯文學著名於世。著述極豐，在散文方面有：《談龍集》、
《澤瀉集》、《談虎集》、《永日集》、《自己的園地》、《看雲
集》、《周作人散文鈔》、《雨天的書》、《苦茶庵笑話選》、《夜
讀抄》、《苦茶隨筆》、《秉燭談》、《風雨談》、《苦行雜記》、
《藝術與生活》、《瓜豆集》、《藥堂雜文》、《藥味集》、《書房一
角》、《立春以前》、《過去的工作》、《知堂文集》、《知堂回想
錄》等；在兒童文學方面有：《兒童雜事詩》及《兒童文學小
論》；此外，另有《過去的生命》（詩）、《周作人書信》（書
信），以及《中國新文學的源流》、《歐洲文學史》等論著，多收
錄於《周作人全集》中。

其日後整個人生的發展，是
有著深遠的影響。談起周作
人想去日本的因緣，主要有
兩個方面：其一，乃是與時
代的大環境有關。在當時，
赫胥黎《天演論》中「優勝
劣敗，適者生存，不適者淘
汰」的思想，正衝擊並影響
中國的整個學界；而清末國
力衰微，更使得許多知識分
子產生高度的危機感；再加

周作人 像

上日俄戰爭後，日本戰勝俄國，亦充份地展現了自明治維新以
來，其足以傲人的進步成果。而日本此種驚人的進步，正是周
作人想赴日觀摩與學習的一大主因。其二，應該是與周作人的
家庭因素有關。周作人在為悼念他的母親所寫的〈先母事略〉
裏，曾提到以下一段往事：中日甲午戰爭，中國落敗，曾使周
作人的父親大為震驚，進而生起向日本學習的念頭，並且對周
作人的母親說：「我們有四個兒子，我想將來可以將一個往西
洋去，一個往東洋去留學。」③周作人父親的這番話，在當時
可算是很有遠見的。誠如周作人自己所言：「那時人家子弟，

---

② 周作人第一次去日本東京的時間，是在清光緒32 年（1906）6
 月；而於民國前一年（1911）9 月返國。後來在民國8 年（1919）
 和民國23 年（1934）又去過兩次，但停留時間都不長。

③ 周作人：《知堂回想錄》（香港：聽濤出版社，1970 年），下冊，
 頁595 。

第一總是讀書趕考，希望作官，看看這個做不到，不得已而思
其次，也是學幕做師爺；又其次，是進錢店與當舖，而普通的
工商業不與焉。至於到外國去進學堂，更是沒有想到的事
了。」④從周作人在若干年後，尚能清楚記憶著父親想要他們
出國留學的願望看來，周作人赴日留學這件事，在周作人內在
的潛意識當中，應該是受有其父深遠的影響。

二、旅日生活

㈠學日本語

　　西元一九○六年六月⑤，周作人終於達成他長久以來想要
去日本留學的夢想，他和他的哥哥魯迅，一起由他們的家鄉紹
興出發，中途經由上海，然後抵達東京。

　　初到東京，幾乎所有的生活事務，周作人都必須要仰賴他
哥哥魯迅的協助，同時，也因此讓周作人得到不少的方便。然
而，畢竟有許多事是無法假他人之手的，其中「語文的能力」
便是一項。周作人剛到日本的時候，對日語可以說完全不懂，
因此在當時，學習日語對於周作人而言，誠可謂當務之急。據
周作人自己所說，他一開始學習日語的環境，是在留學生會館
的一個補習班裏，教師是一位叫做菊池勉的日本人，而周作人
的日語基礎便是在那時候建立的。

④ 同前註，頁596。
⑤ 西元1906年，即明治39年，也就是日俄戰爭結束後的第2年。

後來周作人進了法政大學的預科，除了對日語做更一層的研習之外，同時也開始接觸日本的歷史，這對於後來周作人想要深入了解日本文化來說，可算是建立了良好的基礎。

㈡讀書、逛書店

說「逛書店」是周作人在東京六年生活中的一部分，是一點也不為過的事。事實上，對一個讀書人來說，逛書店本來就是一件極自然而且快樂的事。

提到東京的書店，讓周作人最感到懷念的，是一間名叫「丸善」的書店。丸善書店實際上只是「丸善株式會社」的一個部分。在這間書店裏，販賣了很多的進口書籍。在周作人剛到日本的時候，由於日語能力不足，因此所閱讀的多為英文書籍，而丸善書店便成了周作人常逛的書店。

另外，值得一提的是，由美國人該萊（Gayley）所編的《英文學裏的古典神話》一書，對周作人有很大的影響，而這本書正是從丸善書店購得的。在周作人剛到東京時，便收到由魯迅向丸善書店訂購的一些書籍⑥，其中有一本便是由該萊所編的《英文學裏的古典神話》，周作人透過這本書的介紹，第一次接觸到了有關希臘神話的內容。書中卷首並論及古今各派對希臘神話的不同解釋，而周作人也因此接觸到了安特路朗人類學派的學說。此後，周作人又從中西書屋⑦那裏，買到了安特路朗的《習俗與神話》和《神話儀式與宗教》。

⑥ 周作人剛到日本時，是和魯迅一起住在東京本鄉區湯島二丁目的伏見館。

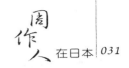

安特路朗人類學派的思想，對於周作人而言，可說深具啟蒙的意義。誠如周作人自己所說：「我因了安特路朗的人類學派的解說，不但懂得了神話及其同類的故事，而且也知道了文化人類學；這又稱為社會人類學，雖然本身是一種專門的學問；可是這方面的一點知識，於讀書人很是有益，我覺得也是頗有趣味的東西。」⑧至於「我對於人類學稍有一點興味，這原因並不是為學，大抵只是為人，而這人的事情，也原是以文化之起源與發達為主」。⑨

從此以後，周作人便開始以人類學的觀點出發，並圍繞著對「人」的認識，而把觸角延伸至更寬廣的領域當中。由於有了「人本」的關懷，周作人開始涉獵更廣泛的書籍，如藹理斯（Havelock Ellis）的《性心理研究》、威思忒瑪克（Westermarck）的《道德觀念起源發達史》、懷德（Gilbert White）的《色爾彭的自然史》，以及哈忒闌（Hartland）的《童話的科學》等，透過這些書籍內容的啟發，周作人也因此大開眼界，而其於心靈層次上的提升，亦遠超越他在南京求學時《天演論》對他的影響。

(三)翻譯小說

一九二〇年三月，由魯迅和周作人共同翻譯的《域外小說

---

⑦ 中西書屋是一間在神田賣進口書的書店，據周作人說，這家書店的服務態度和店裏的氣氛都很不好，因此周作人也不常去。

⑧〈苦口甘口‧我的雜學〉，《周作人全集》（臺北：藍燈文化事業公司，1992 年），第 5 冊，頁423。

⑨ 同前註，頁424。

集》出版時，魯迅在序言中曾經提到，他和周作人在日本留學的時候，曾以為：文藝可以移轉性情，改造社會，因此便想到介紹外國新文學這一件事。這樣的觀念，雖然是出自於魯迅之口，然而，推想周作人，應該也有類似的想法才對。

　　想要介紹新文學，第一便需要有資料，而搜集資料，便需要有買書錢。然而，要籌措一筆買書錢，對於像魯迅和周作人這樣的窮公費留學生來說，可真是一大難題。最後，他們終於想出了一個辦法，那就是「譯書」。

　　據周作人自己所說，在那幾年當中，他所譯出的共有長篇、中篇小說五種：1.《紅星佚史》，英國哈葛德與安特路朗合著，共有十萬字左右；2.《勁草》，俄國托爾斯泰著，約十多萬字；3.《匈奴奇士錄》，匈牙利育凱摩耳著，六萬多字；4.《炭畫》，波蘭顯克微支著，約四萬字；5.《黃薔薇》，育凱著，三萬多字。⑩其中關於《紅星佚史》一書，周作人還特別說明了選擇翻譯此書的原因，他說：

　　　我譯《紅星佚史》，因為一個著者是哈葛德，而其他一個
　　　又是安特路朗的緣故。……哈葛德的《鬼山狼俠傳》，卻
　　　是很有趣味，直到後來也沒有忘記。安德路朗本非小說
　　　家，乃是一個多才的散文作家，特別以他的神話學和希臘

---

⑩《紅星佚史》（上海：商務印書館，1907年11月）；《匈奴奇士錄》（上海：商務印書館，1908年9月1版）；《炭畫》（北京：文明書局，1914年4月）；《黃薔薇》（上海：商務印書館，1927年8月1版）；《勁草》，未出版，原稿佚失。

文字著述著作；我便取他的這一點，因為《紅星佚史》裏所講的，正是古希臘的故事。這書原名為《世界欲》(The World's Desire)，因海倫佩有滴血的星石，所以易名為《紅星佚史》。⑪

另外，據周作人所說，《紅星佚史》這本書，原本是附有索引式註解的，其內容是關於古希臘埃及神話的人物說明，可惜在出版時，竟被出版商給刪掉；對此，周作人除感到不快與無奈之外，似乎也無力改變那樣的結果。

後來在一九〇九年的二月和六月，魯迅和周作人又共同出版了《域外小說集》的一、二冊。這次書就印得相當考究了，是用一種藍色的羅紗紙做封面，上面還印著德國的圖案：一個穿著希臘古裝的婦女在彈著弦琴，背景是光芒四射的朝陽，一隻小鳥正向高空飛翔。題字是陳師曾依照《說文》所寫

域外小說集序

我們在日本留學時候，有一種茫漠的希望：以為文藝是可以轉移性情，改造社會的。因為這意見，便自然而然的想到介紹外國新文學這一件事。但做這事業，一要學問，二要同志，三要工夫，四要資本，五要讀者。第五樣逆料不得，上四樣在我們都幾乎全無：於是又自然而然的只能小本經營，姑且嘗試，這結果便是譯印域外小說集。

當初的計畫，是籌辦了連印兩冊的資本，待到賣回本錢，再印第三第四，以至第X冊的。如此繼續下去，積少成多，也可以約略——

〈域外小說集序〉書影

⑪ 同註③，上冊，頁208。

的五個篆文，而書的本文也是用上好的西洋紙。卷首有一篇魯迅所寫的序言，其中提到：「異域文術新宗，自此始入華土。」⑫由此似乎可以看出周氏兄弟對翻譯此書的自信，以及他們二人對此書的重視。

《域外小說集》全書共三十七篇，其中周作人翻譯的大約就占了三分之二。其所翻譯的作家作品，除了王爾德、愛倫坡、莫泊桑等英、美、法作家外，主要是俄國及北歐、東歐等弱小民族的作家，計有：契訶夫、迦爾洵、安特來夫、梭羅古勃、安徒生、顯克微支、哀禾等人。⑬

四投稿

透過翻譯外國的著作，來傳達一些自己認同的理念，對周作人和魯迅來說，畢竟只是一個過渡的方式，用自己的筆，寫出自己內在真正的想法，才是周作人和魯迅的終極目標。

大約在西元一九〇七年到一九〇八年之間，周作人和魯迅陸續地在《天義報》和《河南》等雜誌上發表了一些文章。⑭

---

⑫ 參見錢理群：《周作人傳》（北京：文藝出版社，1990 年），頁128。

⑬ 同前註。

⑭ 其中魯迅〈人之歷史〉載於《河南》第 1 號（1907 年 12 月）；〈摩羅詩力說〉載於《河南》第 2、3 號（1908 年 2、3 月）；〈文化偏至論〉載於《河南》第 7 號（1908 年 8 月）。周作人的〈論俄國革命與虛無主義之別〉載於《天義報》第 11、12 期合刊（1907 年 11 月）；〈論文學之界說與其意義，併及中國近時論文之失〉，載於《河南》第 5、6 號（1908 年 5、6 月）；〈哀弦篇〉載於《河南》第 9 號（1908 年）。這些文章，在當時雖然並沒有引起多大的社會反響，但卻都是中國現代思想史和文學史上的重要文獻。

其中值得注意的是，周作人在〈論文學之界說與其意義，併及近時中國論文之失〉這篇文章中，特別強調了文章的重要性，所謂「文章者，國民精神之所寄也」，「文章或革，思想得舒，國民精神進於美大，此未來之冀也」。⑮

此外，周作人更進一步的對以孔子為尊的儒門大加批判，甚至以為，儒教之禍害，尤過於秦火，而主張「擯儒者於門外」。⑯由此看來，在「反封建」這個議題上，周作人和魯迅的觀念，基本上是一致的。

另外值得注意的一點，是當周作人在反對封建的專制主義思想時，其內在其實是存有一種強烈的虛無主義思想的。⑰一九○七年十一月，周作人曾在《天義報》上，發表了一篇〈論俄國革命與虛無主義之別〉的文章來伸援虛無主義。在這篇文章中，周作人談到，將虛無主義視為一種恐怖的手段，實是一件錯誤的事。對此，周作人還特別為「虛無主義」一詞做了一番的考證⑱，並強調：「虛無主義純為求誠之學，根于唯物論

---

⑮ 同註⑫，頁131。

⑯ 周作人在〈論文學之界說與其意義，併及中國近時論文之失〉中，斥責儒者說：「孔子以儒教之宗，承帝王教法，……夭國國民思想之春華，陰以為帝王之右助。推其后禍，猶秦火也。」（同前註）

⑰ 事實上，在當時無政府主義的思想，幾乎影響了所有在日本的中國留學生，而周作人和魯迅自然也不例外。

⑱ 在此，周作人指出虛無主義一語：「始見于都介涅夫名著《父與子》中，后遂通行，論者用以自號，而政府則以統指畔人。」後來魯迅在《馬上支日記》裏又說的更明確，他說：「虛無主義，……是都介涅夫給創立出來的名目，指不信神，不信宗教，否定一切傳統和權威，要復歸那出於自由意志的生活的人物而言。」

宗，為哲學之一枝，去偽振敵，其效至溥。」「俄國世事以
來，家庭專制極重，蓋以久用奴制，積習甚深，莫可挽救，有
虛無主義起，將沖決而悉破之。」從周作人這番話來看，他顯
然是將虛無主義（無政府主義）作為反封建專制主義思想的武
器來理解與援受的。⑲

　　事實上，光是虛無主義本身，便可分為三派：一是施蒂納
（Stivnev）和浦魯東（Pvoudlon）的無政府個人主義；一是巴
枯寧（Bakaume）的無政府工團主義；一是克魯泡特金
（Kvopotnine）的無政府共產主義。其中，對當時在日本的中國
留學生產生較大影響的，是無政府個人主義和無政府共產主
義。而魯迅和周作人二人，則分別傾向於接受前者和後者。從
現有的相關資料可以得知，克魯泡特金所主張的，是強調人的
本能是互助的、性善的，他是從人類互助進化的觀點出發，而
建構成其所謂的無政府共產主義。這種「社會博愛」的主張，
具有濃厚的空想社會主義色彩的理論，對具有溫和個性特質的
周作人來說，是十分相應的。而這樣的理念與想法，似乎可以
看作是周作人在後來五四時期所提倡新村運動的先聲。⑳

㈤民報社聽講

　　周作人在日本時，另一件對他的思想發展造成影響的事，
便是親近了章太炎。其實，早在周作人於南京求學的時候，就
已經對章太炎產生了仰慕之情，因此，與章太炎在東京有相遇

---

⑲ 同註⑿，頁132。
⑳ 同註⑿，頁134、135。

的機緣，周作人自然是不會輕易放過的。

　　周作人在東京親近章太炎的最初因緣，是前往民報社聽章太炎講《說文》。據周作人自己回憶說：

> 往民報社聽講，聽章太炎先生講《說文》，是一九〇八至九年的事，大約繼續了有一年少的光景。這事是由龔未生發起的，太炎當時在東京一面主持同盟會的機關報《民報》，一面辦國學講學會，借神田地方的大成中學講堂定期講學，在留學界很有影響。魯迅與許季茀和龔未生談起，想聽章先生講書，怕大班太雜沓，未生去對太炎說了，請他可否於星期日午前，在民報社另開一班，他便答應了。㉑

　　後來，去聽章太炎講課的，加上魯迅和周作人兄弟，一共有八個人。章太炎先後講了《說文》和《莊子》，而周作人則因為興趣的關係，只聽完《說文》便中斷了。

　　談到章太炎對周作人的影響，其中很重要的一項，便是復古精神的傳承。事實上，在章太炎的教導下，周作人曾經十分地熱衷於各種的復古試驗。後來，周作人在〈我的復古經驗〉一文中，曾敘述他當年的幾項復古行為，他說：

> 我不是「國學家」，但在十年前後，卻很復過一回古。最

㉑ 同註③，頁215、216。

初讀嚴幾道、林琴南的譯書，覺得這種以諸子之文寫夷人的話的辦法非常正當，便竭力的學他。……隨後聽了太炎先生的教誨，更進一步，改去那「載飛載鳴」的調子，換上許多古字，（如踢改為踶，耶寫作邪之類）……多謝這種努力，《域外小說集》的原版只賣去了二十部。這是我的復古的第一支路。

《新約》在中國有文理與官話兩種譯本，官話本固然看不起，就是文理本也覺得不滿足，因為文章還欠「古」，比不上周秦諸子和佛經的古雅。我於是決意「越俎」來改譯，足有三年工夫預備這件工作；讀希臘文，豫定先譯《四福音書》及《伊索寓言》，因為這時候對於林琴南君的伊索譯本也嫌他欠古了！……到了後來，覺得聖書白話本已經很好，文理也可不必，更沒有改譯的必要：這是後話。以上是我的復古第二支路。

以前我作古文，都用一句一圈的點句法。後來想到希臘古人都是整塊的連寫，不分句讀段落，也不分字，覺得是很古樸，可以取法；中國文章的寫法正是這樣，可謂不謀而合，用圈點句殊欠古雅。中國文字即使難題，但既然生而為中國國民，便有必須學習這難題的文字的義務，不得利用種種方法，以便私圖，因此我就主張取消圈點的辦法，一篇文章必須整塊的連寫到底，（雖然仍有題目，不能徹底的遵循古法）在本縣的《教育會月刊》上，還留存著我的這種成績。這是我的復古的第三支路。㉒

其實在當時，像周作人的這種行為，也算不上是什麼特例，大抵和他同時代、同職業的人，幾乎都有這樣的傾向。㉓雖然在若干年後，周作人在反省到自己的「復古運動」時，仍不免為自己的舉止感到可笑；然而，誠如周作人自己所言：「我們這樣的復古，耗廢了不少的時間與精力，但也因此得到一個極大的利益，便是『此路不通』的一個教訓。」㉔

後來，周作人又和章太炎一起學習過梵文。談到這次周作人學梵文，因緣倒也頗為特殊，據周作人自己說，是章太炎想學，而他純粹只是作陪而已。後來周作人總共只去了兩次，便沒再去了。㉕這次的梵文課，對周作人而言，雖然在實際的梵文學習上沒什麼幫助，但是卻因此使周作人對章太炎又有了更進一層的認識與了解。一九三七年，章太炎逝世時，周作人為了弔念他，特別寫了一篇〈記太炎先生學梵文事〉，其中對章太炎「依自不依他」的獨立自主性格，以及為了「學習梵天語，不辭以外道為師」的治學態度，皆給予了很高的評價；而

㉒ 同註⑧，第2冊，頁341、342。

㉓ 例如和周作人一起聽章太炎講《說文》的錢玄同，直到辛亥革命前後，還在故鄉浙江做〈深衣冠服說〉，考究古深衣的制度，並且身體力行，自己做了一套，某一天戴上「衣冠」，穿上「深衣」，繫上「大帶」去上班，這事後來並成為朋友間的笑柄。同註⑫，頁142。

㉔ 同註⑧，第2冊，頁342。

㉕ 章太炎學梵文的目的，主要是希望能閱讀與佛典相關的梵文書籍。這次的梵文課程，除了教梵文的老師之外，學生只有章太炎與周作人兩人。後來周作人因為覺得梵文太難，深恐自己不能學成，因此只去了兩次便中斷了。同註⑧，第3冊，頁144。

對周作人而言，章太炎的恢宏氣象，更是給了他最好的啟發與
影響。

㈥赤羽橋邊

大約在一九○九年的八月間，周作人娶了日本女子羽太信
子為妻；然而，關於周作人和他妻子之間的夫妻生活，在周作
人現存的所有著作中，卻是一個字也沒有提到。因此，就這個
部分而言，個人亦僅能本著「知之為知之，不知為不知」的基
本觀念，就止打住。

一九一○年，即周作人離開日本的前一年，他買了一本
書：《遠野物語》，作者為日本的柳田國男。從這本書中，周
作人懂得了，要真正了解一國的文化，是必須要深入一般人民
的生活當中的。

一九一○年十一月，周作人搬了一次家，從原來的本鄉
區，搬到了極少留學生居住的麻布區森元町。搬家的原因，固
然和周作人當時經濟情況有關㉖，而《遠野物語》給周作人帶
來的啟示，應該也是考慮的因素之一。而事實上，周作人在麻
布時的生活，的確是相當深入民間的。關於這點，周作人打了
一個比方，說在本鄉居住的時候，好像是坐在二等火車上，各
自擺出紳士的架子，彼此不相接談；在森元町，大家都是火車

㉖ 據周作人自己所說，麻布的房屋比較簡陋，「前門臨街，裏邊是
六席的一間，右手三席，後面是廚房和廁所，樓上三席和六席各
一間，但是房租卻很便宜，彷彿只是十元日金，比本鄉的幾乎要
便宜一半的樣子」。同註⑶，上冊，頁247。

裏三等的乘客,都沒什麼間隔,看見就打招呼,也隨便的談話。㉗一些市井間的瑣聞俗事,也就自然的流傳開來,而這些也正是周作人所樂於知道的。

如果不是因為周作人的母親和他的大哥魯迅的催促,周作人也許便和他的日本夫人一直守在赤羽橋邊,過著屬於他們的優閒生活。然而,由於現實的經濟問題,於是在魯迅親自上日本勸說和敦促之下,周作人終於在一九一一年的九月,協同他的夫人羽太信子,一起回到了他的故鄉。

三、對日本文化的觀察

周作人在日本的五年多當中,除了認真的學習了日本的各項長處外,同時,也對日本的文化做了一番的觀察,底下便略舉幾項來談。

㈠日本的食與住
在談到關於日本「住」的方面,周作人引用了黃公度在《日本雜事詩》中對於日本「房屋」的介紹:

> 室皆離地尺許,以木為板,藉以筦席,入室則脫呂屨戶外,襪而登席,無門戶窗牖,以紙為屏,下承以槽,隨意開闔,四面皆然,宜夏而不宜冬也。……寢處無定所,展

㉗ 同前註。

屏風，張帳帽，則就寢矣。每日必灑掃拂拭，潔無纖塵。
坐起皆席地，兩膝據地，伸腰危坐，而以足承尻後，若跌
坐，若蹲踞，若箕踞，皆為不恭。坐必設褥，敬客之禮有
敷數重席者。有君命則設几，使者宣詔畢，亦就地坐矣。
皆古禮也。㉘

　　周作人雖然對於日式的跪坐方式感到不能接受，但對於日
式的房屋那種清疏有致的感覺，卻是非常的喜歡。就像周作人
所說的：

坐在几前讀書寫字，前後左右，凡有空地都可安放書卷紙
張，等於一大書桌，客來遍地可坐，容六、七人，不算擁
擠；倦時隨便臥倒，不必另備沙發，深夜從壁廚取被攤
開，又便即正式睡覺了。㉙

　　然而，這樣的房屋，自然也有它的缺點，除了上述的「宜
夏不宜冬」外，其次，便是容易引火。還有或者不太謹慎，因
為槽上拉動的板窗木戶易於偷啟，而且內無扃鑰，小偷一旦入
門後，便可各處自在游行了。㉚

㉘ 同註⑻，第3 冊，頁515 。
㉙ 同註⑻，第3 冊，頁516 。
㉚ 周作人所談的，雖然是 1910 年左右時的日本房屋，而事實上，現
　 今的日式公寓住宅，其屋內的設計與格局，仍然保存了許多舊有
　 的風格；當然，關於門戶方面的安全，現今的設計，自然是有更
　 周全的考量；至於「宜夏不宜冬」的不足點，現今科技文明如此
　 發達的日本，早就以暖氣機解決了這個問題。

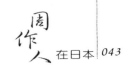

在飲食方面，周作人談到，第一個令他感到驚奇的事是：在日本的食物當中，獸肉竟是如此的稀少。這對於習慣肉食的中國人來說，實在是一件不太容易適應的事。然而，這對於周作人來說，並未造成什麼困擾。㉛此外，周作人所發現的日本食物的另外一個特色是：冷。而此一特色，在現今的日本飲食習慣中，似乎仍廣泛地被流傳著。

㈡美之愛好

周作人在他的〈日本管窺〉一文中，曾經提到了日本人的兩個特性：一是「現世思想」，關於這點，和中國是共通的；二是「美之愛好」，而這似乎是中國所缺乏的。並說這兩個特性，大抵和古希臘有點相近，不過是力量較薄些，因此以為，稱日本為小希臘，亦實不為過。㉜

說到日本與中國之所以會有上述第二個特性的差異，周作人以為，這和日本保有「萬世一系」㉝的傳統有很大的關係。由於日本在過去的歷史當中，並沒有被異族征服過，因此，這

㉛「講到日本的食物，第一感到驚奇的事，的確是獸肉的稀少。……但是我自己卻不以為苦，還覺得這有別一種風趣。吾鄉窮苦，人民努力喫三頓飯，唯以醃菜、臭豆腐、螺螄為菜，故不怕鹹與臭，亦不嗜油若命，到日本去，無論喫什麼都大成問題。有些東西可以與故鄉的什麼相比，有些又即是中國某處的什麼，這樣一想就很有意思。」同註⑧，第3冊，頁519。

㉜ 同註⑧，第3冊，頁93。

㉝ 所謂「萬世一系」，是說日本皇位的古今一貫；自從開國的神武天皇至現今的昭和天皇，一百二十四代，二千五百九十五年，延綿不絕，中間別無異姓的侵入。

不但使日本的國民對於自己清白的國土感到真的喜愛，並且更使得日本的國民在性情上，要比其他被征服和統治過的民族更為剛健質直。

此外，由於日本特有的「萬世一系」的傳統，因此，其君與民之間，亦產生了一種特殊的情感。而事實上，在過去的家族時代裏，天皇就是族長；再加上在後來現實的政治社會裏，天皇向來只是擁有虛位而不管政事，因此，人民對他往往是僅存有好感。順著這樣的君臣關係的發展，於是產生了所謂「武士道」的精神。

日本管窺

知堂

〈日本管窺〉書影

(三)武士道的精神

由君臣主從之義所產生的武士道，是日本文化中的一大特色。所謂「武士道的精神」是指，當武士「犯禁時，便負責伏法，即或法偶寬，亦負責自殺，依了他們的『道』，也就是斯巴達武士的『規矩』」。㉞周作人在他的〈日本管窺之三〉一文

中，曾借谷崎潤一郎的《武州公秘話》一書中有關「裝飾首級」
的這段內容，來說明武士道精神的影響。其內容如下：

> **老女**最先說明道：「近來幾乎每天晚上都從自己的隊夥中
> 叫去五、六個人，把斬獲的敵人的首級拿來與首級簿對
> 勘，換掛首級牌，洗濯血跡，去辦這些差使。首級這東
> 西，若是無名的小兵的，那或者難說；否則凡是像點樣子
> 的勇士的頭，那就都是這樣的好好地弄乾淨了，再去供大
> 將的查檢。所以都要弄得不難看，頭髮亂的，給他重新梳
> 好頭，染牙齒的，重新給染過，偶然也有首級要給他薄薄
> 地搽點粉。總之，竭力地要使那人保存原來的風貌與血
> 氣，與活著的時候彷彿。這件事叫做裝飾首級，是女人所
> 做的工作。」……那些女人們，要不失對於死者的尊敬之
> 意，無論什麼時候，決不粗暴地動作。他們總是儘可能的
> 鄭重地、謹慎地、和婉地做著。㉟

　　從以上這段小說的內容來看，一位真正的武士，即使是在
他死後，他的遺體仍是受到相當高的禮遇。由此亦可推想，一
位活在現實生活中的武者，將會是如何的受人仰慕了。

㉞ 同註⑧，第3冊，頁98。
㉟ 同註⑧，第3冊，頁390。

四新村運動

所謂「新村運動」，是在一九一○年左右，由日人武者小路實篤所發起的一項實行「人的生活」的運動。其宗旨為：「主張泛勞動，提倡努力的共同生活，一方面盡了對於人類的義務，一方面也盡各人對個人自己的義務；讚美協力，又讚美個性；發展共同的精神，又發展自由的精神。」㊱而新村運動的發起者小路實篤，更在他所著的《新村的生活》的序中提到，新村運動的理想，雖然是由他所提出來的，在事實上，這樣的理想也正是眾人所期望的。㊲

周作人對於「新村運動」的理念是十分贊同的。為此，曾特地寫了一篇〈日本的新村〉來介紹它。其中提到了新村中對「人的生活」的看法。㊳並以為人之所以不能享人的生活，是因為他們不明白人類應該互助的生活；真正互助的生活是：「不使別人不幸，自己也可以幸福；不但如此，別人如不幸，自己也不能幸福；別人如損失了，自己也不能利益的生活。」「同伴的益，便是我的益；同伴的損，便是我的損；同伴的

㊱ 同註⑧，第3冊，頁721。

㊲ 新村的概念，雖然是由武者小路氏所發起的，但誠如他在他所寫的《新村的生活》的序中所說的：「我的無學，或要招識者嘲笑；但我的精神可是並無錯誤。我的精神，不是我一人的精神，與萬人的精神有共通的地方。我所望的事，也正是萬人所望的事。……我決不希望什麼新奇的事，不過是已經有多人希望過了的，又有多人正希望著的事罷了。」（同前註）

㊳ 「人的生活是怎樣呢？是說各人先盡了人生必要的勞動的義務，再將其餘的時間，做個人自己的事。」同註⑧，第3冊，頁722。

喜，便是我的喜；同伴的悲，也便是我的悲。」㊴雖然，後來
新村的理想並沒有真正地被實踐完成，㊵然而，新村生活所留
予人們的，卻是一個充滿了藝術與宗教氣息的美麗夢想！㊶

四、結語

　　從西元一九〇六年六月，周作人離開自己家鄉赴日留學，
到西元一九一一年的秋天返國，在這幾年當中，周作人無論是
在個人的生活上或思想上，必然地都產生了一些變化。從生活
上來看，最明顯的是他所過的已經不再是過去單身時代的逍遙
生活，而是必須擔負起現實經濟壓力的家庭生活；而就思想上
來看，周作人則是經歷了許多層的蛻變。

　　當周作人剛到日本的時候，在他的內心當中，其實是充滿
著強烈的學習欲望的，而這也正是他當初赴日的主要動機。在
這段期間當中，對周作人影響最大，應該要算是安特路朗「人
類學派」的思想。透過安特路朗「人類學派」思想的啟發，使
周作人從原來只是對自己民族的關心，擴展為對全體人類的關

㊴ 同註⑧，第3冊，頁723。
㊵ 周作人在他的〈新村的理想與實際〉一文中，提到有關新村後來
　實際的發展狀況。其情況大抵是這樣的：因為物質力缺乏的緣
　故，居住在新村生活的人們，仍無法達成自給自足的標準，因
　此，就實際上來說，所謂的新村，並未發展成正式的新村。同註
　⑧，第3冊，頁734。
㊶ 周作人在他的〈新村的理想與實際〉一文中，提到了新村裏的兩
　個特色：一是「藝術」空氣的普遍；一是充滿著「宗教」的空
　氣。

心。因此，對周作人而言，安特路朗「人類學派」的思想，可謂是替他開了一次眼界。

其後，周作人又受到克魯泡特金（Kvopotnine）「無政府共產主義」的影響，並因此對於中國傳統的儒家文化，做了一番強烈的批評。因此，此時的周作人，可謂是沉浸在一種反專制、反權威，而崇尚自由意志的「無政府共產主義」裏。

之後，周作人又轉向了「復古」的行列，並且也有了一些實際的行動，而周作人此次的轉變，其實是受到章太炎的影響。

此外，在周作人留日的這段時期裏，也對日本的文化做了一番的觀察。其中，關於日本「武士道精神」的部分，周作人更是特別地留意。透過這項觀察，使周作人領悟到：「要了解別國的文化，是非常不容易的事。」因此，對於自己以前認為「文化僅以學術與藝文為限」的觀念，也做了一次深刻的反省。⑫

「新村運動」，是當時在日本十分受到矚目和討論的一種新生活運動。其發起人為武者小路實篤。在新村生活中所強調的，是一種「互助」、「互利」的生活哲學；而這樣的主張和周作人的理念，正剛好是相應的。因此，周作人不僅贊成新村

---

⑫ 周作人在他的〈日本管窺之三〉一文中提到：「要了解別國的文化，可是甚不容易的事。從前我說文化大抵只以學術與藝文為限，現在覺得這是不對的。學術藝文固然是文化的最高代表，而低的部分；在社會上卻很有勢力；少數人的思想雖是合理，而多數人卻也就是實力。所以，我們對於文化，似乎不能夠單以文人學者為對象，更得放大範圍來看才是。」

的理念，同時亦關心新村的發展。雖然，最後的新村運動並沒有成功，但是它帶給人們的影響卻是正面而且珍貴的。㊸

　　周作人在他的〈日本與中國〉一文中，曾提出了他對日本文化的看法，個人以為頗具參考價值，因此，想引它做為本文的收尾。它的原文是這樣的：

> 中國在他獨殊的地位上，特別有了解日本的必要與可能，但事實上卻並不然，大家都輕蔑日本文化，以為古代是模仿中國，現代是模仿西洋的，不值得一看。日本古今的文化，誠然是取材於中國與西洋，卻經過一番調劑，成為他自己的東西，正如羅馬文明之出于希臘而自成一家，（或者日本的成功還過於羅馬）所以我們儘可以說日本自有他的文明，在藝術與生活方面更為顯著，雖然沒有什麼哲學思想。我們中國除了把他當作一種民族文明去公平地研究之外，還當特別注意，因為他有許多地方足以供我們研究本國古文化之參考。從實利這一點說來，日本文化也是中國人現今所不可忽略的一種研究。㊹

　　周作人的這個觀念，雖然是在民國十四年的時候所提出來，但在現今的時代，仍是適用的。筆者近幾年來因為工作關

㊸ 誠如周作人在他的〈訪日本新村記〉一文中所說的：「我此次旅行，雖不能說有什麼所得，但在思想上因此稍稍掃除了陰暗的影，對於自己的理想，增加若干勇氣，都是所受的利益，應該感謝的。」同註⑧，第3冊，頁747。
㊹ 同註⑧，第1冊，頁379。

係，亦察覺到了一個現象：即時下的青少年學子，小自學齡前幼兒，大至大學、研究生，他們的休閒娛樂幾乎都和日本有關。⑤由此可見，現今日本文化對我們的影響。因此，如何去正視中日之間文化的交流與發展，實是我們當下必須去思考與反省的重大課題。

參考書目

周作人全集　周作人著　臺北　藍燈文化事業公司　1992 年 6 月

周作人年譜　張菊香、張鐵榮編　天津　南開大學出版社　1985 年

知堂回想錄　周作人著　香港　聽濤出版社　1970 年 7 月

知堂文集　周作人著　上海　天馬書店　1933 年 3 月

周作人的是非功過　舒蕪著　北京　人民文學出版社　1993 年 6 月

周作人傳　錢理群著　北京　北京十月文藝出版社　1990 年 9 月

相關文獻

李成杭　　日本研究周作人一瞥

　　　　　文教資料　1987 年第 2 期　頁 108　1987 年

趙京華　　周作人與日本文化

---

⑤ 日本的電玩遊戲、卡通、漫畫，乃至於連續劇，可以說是時下青年人休閒娛樂的主要內容。

中國人民大學學報　1989年第4期　頁106-114
1989年7月

鄭清茂　　周作人的日本經驗
　　　　　中央研究院第二屆國際漢學會議論文集：文學組
　　　　　頁869-900　臺北　中央研究院　1989年

劉岸偉　　東洋人の悲哀──周作人と日本
　　　　　東京　河出書房新社　378面　1991年8月

劉香織　　「東洋人の悲哀──周作人と日本」（劉岸偉）
　　　　　比較文學　第34期　頁214-218　1991年

趙京華　　周作人の對日連帶感情
　　　　　一橋論叢　第122卷第2期　頁247-261　1999年
　　　　　8月

飯塚朗　　「新しき村」への道──周作人の足跡をたどって
　　　　　關西大學東西學術研究所紀要　第9期　頁11-29
　　　　　1977年3月

村山吉廣，島村亨　資料紹介──周作人「湯島聖堂參拜之感
　　　　　想」
　　　　　斯文　第105期　頁114-121　1997年3月

松岡俊裕　1941年周作人訪日歡迎會寄書考（稿）──星ヶ
　　　　　岡茶寮での日中文人の交流
　　　　　東方　第229期　頁8-12　2000年3月

木山英雄著，畢曉麗、趙京華譯　正岡子規與魯迅、周作人
　　　　　日本學者中國文學研究譯叢　第3集　頁122-141
　　　　　長春　吉林教育出版社　1990年3月

張小鋼　　　青木正兒博士和中國——關於新發現的胡適、周作
　　　　　　人等人的信
　　　　　　吉林大學社會科學學報　1994年第6期　頁86-91
　　　　　　1994年11月

趙京華　　　周作人と柳田國男——固有信仰を中心とする民俗
　　　　　　學
　　　　　　日本中國學會報　第47集　頁195-209　1995年
　　　　　　10月

山田敬三著，姜小凌譯　清末留學生——魯迅與周作人
　　　　　　魯迅研究月刊　1996年第12期　頁43-55　1996
　　　　　　年12月

今村與志雄　魯迅、周作人與柳田國男
　　　　　　周作人評說80年　頁611-621　北京　中國華僑出
　　　　　　版社　2000年1月

張正軍　　　淺談武者小路實篤和周作人的人道主義文學
　　　　　　現代日本經濟　1989年第2期　頁16　1989年

趙京華　　　周作人と永井荷風、谷崎潤一郎——反俗、傳統回
　　　　　　歸、東洋人の悲哀
　　　　　　中國研究月報　第579期　頁18-32　1996年5月

于耀明　　　周作人と石川啄木（特集：「文學」研究の「多元
　　　　　　性」を探る——異空間の讀み）
　　　　　　野草　第63期　頁52-70　1999年2月

于耀明　　　周作人における千家元麿の影響
　　　　　　鳴尾說林　第7期　頁1-15　1999年12月

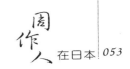

林恒青　　　武者小路實篤與周作人的詩歌交往

　　　　　　福建師範大學學報（哲學社會科學版）　2002 年

　　　　　　第 3 期　頁 95-99　2002 年 7 月

楊文凱　　　試論周作人與日本文學的關係

　　　　　　上海教育學院學報　1992 年第 3 期　頁 41-49 轉頁

　　　　　　19　1992 年

于耀民　　　周作人と日本近代文學

　　　　　　東京　翰林書房　14,216 面　2001 年

張鐵榮　　　關於周作人的日本文學翻譯

　　　　　　魯迅研究月刊　1995 年第 7 期　頁 38-44　1995 年

　　　　　　7 月

根岸宗一郎　周作人留日期文學論の材源について

　　　　　　中國研究月報　第 583 期　頁 38-49　1996 年 9 月

伊藤德也　　「私」という宙吊り裝置――周作人の日本語創作

　　　　　　魯迅と同時代人　頁 5-26　東京　汲古書院　1992

　　　　　　年 9 月

王向遠　　　周作人文學觀念的形成演變及來自日本的影響

　　　　　　魯迅研究月刊　1998 年第 1 期　頁 36-42　1998 年

　　　　　　1 月

劉全福　　　周作人――我國日本文學譯介史上的先驅

　　　　　　四川外語學院學報　2001 年第 4 期　頁 60-64

　　　　　　2001 年

王向遠　　　文體、材料、趣味、個性――以周作人為代表的中

　　　　　　國現代小品文與日本寫生文比較觀

魯迅研究月刊　1996 年第4 期　頁55-60　1996 年4 月

倪金華　周作人與日本隨筆──周作人思想藝術探源
魯迅研究月刊　2002 年第7 期　頁45-52　2002 年7 月

畢玲薔　禪道──周作人與日本文化的交匯之地
紹興文理學院學報　1996 年第2 期　頁14-20 1996 年

張鐵榮　周作人「語絲時期」之日本觀
周作人評說80 年　頁570-590　北京　中國華僑出版社　2000 年1 月

徐　敏　論日本文化對周作人女性思想的影響
外國文學研究　2001 年第2 期　頁92-99　2001 年6 月

徐　敏　日本文化對周作人女性思想的影響
日本學論壇　2001 年第3 期　頁18-25　2001 年

胡令遠　周作人之日本文化觀──兼論與魯迅之異同
日本學刊　1994 年第6 期　頁109-126　1994 年11 月

山田敬三　魯迅、周作人の對日觀と文學
未名　第15 期　頁85-113　1997 年3 月

王向遠　日本白樺派作家對魯迅、周作人影響關係新辨
魯迅研究月刊　1995 年第1 期　頁4-10　1995 年1 月

岩佐壯四郎　〈親日文學〉について──周作人と八雲
日本文學　第40 卷第7 期　頁32-34　1991 年7 月

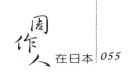

高恒文　　周作人與永井荷風──周作人與日本文學

魯迅研究月刊　1996 年第 6 期　頁 62-67　1996 年
6 月

劉師培在日本

許馨元 *

一、前言

　　劉師培是清末民初一位非常特別的知識分子，在學術上，他研治經學，偏重古文，與章太炎齊名，又精通文字訓詁，其後主張今古並用，著作相當豐富；在政治思想上，綜觀其一生因思想的轉變可分為三個階段：一九○三年至一九○六年為宣傳反清與提倡共和的時期；一九○七年至一九○八年為宣揚無政府主義思想；一九○九年至一九一一年進入端方幕中，此後埋首於國學，政治思想之影響力也不如從前。一般關於劉師培的研究中，多著重在對其學術成就的探討，而本文的重點則主要在探究他旅日期間所鼓吹的無政府主義。以下分別就其早期的生平事蹟、赴日宣揚無政府主義的經過、無政府主義思想內容及影響等數點作探討，期望能藉此呈現他旅日期間的事蹟與思想。

---

*　許馨元，東吳大學中國文學系博士生。

二、早期生平事略

劉師培為著名國學大
師,江蘇儀徵人。字申叔,
又名光漢,化名金少甫;別
號左盦,另有韋裔、無畏、
世培等筆名。生於清光緒十
年(1884)閏五月二日(國
曆6月24日),卒於民國八
年(1919)十一月二十日,
享年三十六歲。

劉師培 像

劉師培一生雖然十分短暫,卻歷盡滄桑而又成就非凡,儘
管在近代中國的思想史及學術史上,有著毀譽參半的歷史評
價,但不容置疑地,他仍占有重要的地位與價值。導致他在後
人評價中褒貶不一的原因,其實與其所處的時代及出身的家庭
有密切的關係,以下分別論之。

㈠時代環境與家世背景

劉師培從出生到逝世,正逢中國歷史上空前的大變局。列
強以野蠻強悍的力量,迫使中國風雲驟變,主權不斷的喪失,
蒙受史無前例的磨難與危機,把中國一步步推向次殖民地的深
淵。

在當時外來的災難有:中法戰爭(1884)、中日甲午戰爭

（1894）、八國聯軍（1900），而對於這些異國的侵略，主政者
毫無應對之策，只有一再割地賠款，喪權辱國。其後的日俄戰
爭（1903-1905）及第一次世界大戰（1914-1918），雖不是直
接的侵害，卻依舊在領土及主權上，蒙受難以估計的損失。同
時，來自西方與日本的各種理論與主義，如進化論、資本論、
無政府主義與國粹主義等，引起了全中國在思想上有極大的震
憾，全國的知識分子，在不斷吸收、探索與反省之餘，領悟到
國族存亡、人格自主及知識教化的重要性，從而擔負起振衰起
弊的責任，帶動了整個社會各方面的改革甚至革命的工作，於
是經過康有為的上書變法（1888）、孫中山的創立「興中會」
（1894）、戊戌變法（1898）、梁啟超創《新民叢報》（1902）、
清廷廢科舉（1905）、清廷頒佈憲法大綱（1904）、武昌起義
（1911）、清帝退位（1912）、討袁成功（1916）以及五四運動
（1919）等種種過程，把中國從兩千年的專制政治和傳統思想
的束縛中解脫出來，開始向民主、科學的現代化前進。

　　再從家世背景來看，劉師培來自揚州一個傳統的書香世
家，揚州城向以商業及文化的發達著稱，同時也是清代樸學的
匯粹之地；而劉氏一家從先祖劉春和遷居揚州以來，便以知書
好禮、不附流俗為世所重；自曾祖文淇之後三代，劉家又以研
究《春秋左氏傳》享名當時，列傳國史，人稱「儀徵劉氏」，
足見其成就之大。

　　曾祖文淇，字孟瞻，嘉慶二十四年（1819）優貢生，候選
訓導。其人天性誠樸，事親純孝；自治甚嚴，謙沖下挹，獎人
之長，忘人之過；遇親友貧困，必竭力營救。平日精研古籍，

致力《左傳》之研究。著有《左傳舊注疏證》、《左傳舊疏考正》、《楚漢諸侯疆域志》、《揚州水道記》、《讀書隨筆》及《青溪舊屋集》等書。

祖父毓崧，字伯山，一字松崖，道光二十年（1840）優貢生，薦授八旗官學教習。擅長記誦，尤精於校勘，對《左傳》及《王船山年譜》用功最勤。曾獲郭嵩燾賞識，曾國藩父子尤其禮敬他。為人正直，待人誠懇，天性淡泊，雖三餐不繼卻不以為苦。平生無妄語，無惰容，在江、淮之間，美名遠播。著有《春秋左傳大義》、《周易舊疏考正》、《尚書舊疏考正》、《經傳史乘諸子通義》、《彭城徵獻錄》、《舊德錄》、《王船山年譜》、《通義堂詩文筆記》等，可惜多未刊行。

伯父壽曾，字恭甫，同治三年（1864）及光緒二年（1876）副榜貢生，候選知縣。其人天資開敏，行誼惇篤，以孝事繼母聞名。工文章，通小學，曾國藩召入金陵書局，任校讎文字之役外，仍不忘窮究《左傳》疏證之學，終因精力耗損過度，微疾而終。著有《傳雅堂集》、《南北史校議集評》、《昏禮重別論駁議》、《臨川答問》等。

父貴曾，字良甫，光緒二年（1876）及十五年（1889）恩科副榜舉人，敕授文林郎，候選直隸州州判。生而聰敏，奮發篤行，勤學教習，並助父兄為文事，故能博涉通達。平日孝繼母、養弟妹、教子姪，任勞任怨；為人廉潔，交遊重諾，對曆學用功特深。

由以上的敘述來看，劉氏一門，自文淇以下，功名利祿，常不及身，必須仰賴高官顯宦資助才能維生；但在貧困中卻又

能修身勤學，不忮不求。生長在這樣一個家學篤實的環境中，劉師培會承繼家學而有所成就，是可以被理解的，然而相對地，他所面臨的壓力也比一般人要沉重。

　　劉師培的一生，在背負傳統家世的包袱和面對劇變時代的衝擊的雙重壓力下，似乎已無可避免要走上一條較為艱難的路。

㈡渡日前的事蹟

　　劉師培出生於故鄉青溪舊屋，當時家境非常貧窮，父親已三十九歲，身體不佳，加上伯父身後所遺留的兩女一子，都寄住在家中，負擔不輕。劉師培在孩童時代便顯露出與眾不同的資質：四歲時，對於母親李夫人所教授《毛詩》、《爾雅》，皆能過目不忘，解釋字義，也沒有任何的錯誤。五歲便能替人寫春聯，故有「神童」之稱。十二歲不到，已讀畢《四書》、《五經》。

　　光緒二十五年（1899），劉師培十六歲，父親過世，家道更見衰敗。十八歲參加揚州府試，所作詩文受閱卷者冒廣生大為讚賞①，並將其八股詩賦密圈到底，壓於府案，終於得中秀才，補縣學生員。十九歲領鄉薦，中舉後的他，名聲日益遠播，他亦有心承繼三代家業，整理故籍，以重振揚州學派。而這十九年來的博覽群書、勤習詩文，為日後的著述生涯奠定了深厚的基礎。

---

① 詩題為詠揚州古蹟七律四首，其中〈詠木蘭院〉一首言：「木蘭已老吾猶賤，笑指花枝空自癡。」

　　光緒二十九年（1903），劉師培前往北京赴會試，但並未
通過。返回故里途中，應友人邀請滯留上海，並希望能謀得教
職以解決生活問題。然而這一停留，卻成為劉師培人生中的一
個轉捩點。

　　當時的上海，正處於拒俄抗法②的激烈運動以及「蘇報案」
發生的前夕，大多數報刊的言論主張，已由溫和轉向激進，由
改良轉為革命，主張革命的讀物很多，如鄒容《革命軍》、章
太炎〈駁康有為論革命書〉等，皆傳頌一時。整個上海革命氣
氛濃郁，愛國熱情高漲，因而激發了劉師培的愛國情操和救國
思想。客觀環境的推引，使他走出科舉陰影，投身於革命的隊
伍，同時結識了由古文經學家變為革命學者的章太炎、從清翰
林轉變為革命家的蔡元培、號稱「革命馬前卒」的留日學生鄒
容，以及陳去病、張繼、章士釗、陳獨秀、蘇曼殊等革命志
士。劉師培因而發表〈留別揚州人士書〉一文表明其決意革命
的志向，加入中國教育會。③夏季，清廷查封《蘇報》和愛國

⑵ 關於拒俄運動主要是因清光緒29年（1903）4月，帝俄拒絕履行
　撤兵協定，並向清廷提出七項要求，企圖將其控制和侵略東北的
　行為合法化，因而引起全國義憤，留日學生組織「拒俄義勇
　隊」；同時，上海與江蘇等十八省愛國志士在張園集會，共商拒
　俄大計，而以拒俄愛國為號召的團體亦先後成立。至於抗法運
　動，肇因於廣西巡撫王之春主張將廣西礦權讓於法國，妄圖「藉
　法款、法兵，平匪亂」，光緒29年（1903）4月下旬，日本報紙揭
　發「王之春借兵平內亂」消息，群情激奮，在一片反對聲中，清
　廷免王之春職，以平眾怒。

⑶ 1902年春，為配合當時情勢需要，章太炎、黃宗仰、蔡元培及吳
　稚暉曾組織中國教育會，表面上是改良教科書，實際上則是鼓吹
　革命。

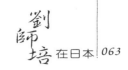

學社，逮捕章太炎、鄒容等人，此乃轟動全國的「蘇報案」。
此時劉師培撰寫〈攘書〉，倡言排滿復漢，風靡一時，又相繼
發表〈中國民約精義〉、〈中國民族志〉等文，為民主革命製
造輿論。

　期間劉師培回鄉與何家諮之妹何班匆促結婚④，並於同年
八月立即返回上海，為《國民日日報》撰稿⑤，發表了〈黃帝
紀年論〉與〈王船山史說申義〉兩篇重要文章。〈黃帝紀年論〉
中否定君主年號及孔子紀年，他提出黃帝乃是漢族的黃帝，以
此紀年可以彰顯漢族的民族意識！這樣的論點，很快被「排滿
革命」論者普遍接受。至於〈王船山史說申義〉則藉由王船山
辨別種姓的史論，加以註解說明排滿以光復漢族文化的意義。

　十月，俄軍進駐奉天，侵略行徑日益擴大，蔡元培擬辦
《俄事警聞》來喚醒大眾，故於同年十月二十七日發刊，此乃
繼《蘇報》、《國民日日報》後又一份宣傳革命的報紙，同時
成立「對俄同志會」。光緒三十年（1904）二月，日俄在東北
展開戰爭，《俄事警聞》改名為《警鐘日報》。六月，蔡元培
辭去主編職務，由劉師培、林獬主筆。十一月，蔡元培、陶成
章等人在上海組成「光復會」，劉師培也加入此會，「光復會」
有著濃厚的漢族傳統民族主義色彩，極力主張民族革命，符合
了當時江南地區人民的反滿復漢的要求。師培在參加「光復
會」的同時，也參與「國學保存會」，光緒三十一年（1905）

---

④ 何班在光緒33 年（1907）後改名為震。
⑤《國民日日報》是繼《蘇報》後上海的又一份具革命色彩的報
　紙，由章士釗、陳獨秀等人創刊，發行不到4 個月便停刊。

二月刊行《國粹學報》，以「發明國學，保存國粹」為宗旨，主要撰稿人不乏當時知名之士，如：章太炎、王國維、黃侃、鄧實等，然而劉師培的論著卻高達五十餘種，換句話說，他的論學文字，大半見於《國粹學報》中。

光緒三十一年（1905）三月，《警鐘日報》被上海有關當局查禁，劉師培不得不避往他地，先至浙江平湖，後赴蕪湖，任教於安徽公學、皖江中學，將近兩年時間，為避免清政府注意，化名金少甫。這時期除了教課之外，也從事革命活動，參加岳王會，並繼續幫《國粹學報》撰寫稿件，學術論著頗多。

綜觀劉師培渡日前的事蹟來看，光緒二十九年（1903）到上海後的生活是一個很重要的轉捩點，自小在家學淵源薰陶下成長的他，不顧一切的投入革命的活動，試圖從歷史文化及經典中尋求例證與支持，闡發「排滿復漢」的言論，故光緒二十九年至光緒三十三年之間，不論在政治及學術上，劉師培以二十出頭的虛齡，發表相當多見解超凡的著作，正恣意綻放著個人的才華與光彩！

三、東渡日本與宣揚無政府主義

光緒三十二年（1906）六月，章太炎從上海監獄出獄，被清政府驅逐出境，因而前往日本，孫中山先生請他擔任《民報》的總編輯。次年（1907）二月，在章太炎的邀約下，劉師培帶著母親、妻子何震及何震的表弟汪公權一起到日本，正式加入「同盟會」，並擔任《民報》的撰稿人。至於何以劉師培到日本

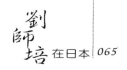

後，會選擇宣揚無政府主義的學說，要從當時日本的政治背景談起。

㈠日本社會主義的發展與影響

一九〇七年六月，日本的社會主義正式分為兩派：以片山潛為首的「軟派」，組織「社會主義會」；而以幸德秋水為首的「硬派」，組織「社會主義講習會」。這次的分裂，肇因於幸德秋水的轉變。

先是一九〇五年，在獄中待了五個月的幸德，閱讀了克魯泡特金的作品，故出獄後前往美國訪問，受到美國無政府主義者的款待。在美國的六個月，對他的思想產生很大的改變，使他揚棄了先前所倡導的議會政治及公民普選等主張，選擇用工團主義及暴力主義來達到目的，認為全世界的革命大方向已經轉向無政府主義。故他在一九〇六年六月回到日本後，又因主張激進的罷工與暗殺，與緩和派的社會主義者分道揚鑣，結合了一群激進派的志士，組成激進團體「社會主義金曜（星期五）講演會」，而這個組織影響了當時在東京的中國知識分子。

再談到當時在日本的中國革命分子，原本孫中山先生延攬章太炎作為《民報》的總編輯，是希望能善用章太炎的文筆為革命增添能量。然而，《民報》卻在章太炎的主編下，漸漸偏離原本的方向⑥，甚至介紹宣傳日本無政府主義的翻譯與著

⑥ 胡漢民曾在《民報》第 4 期訂下該刊的六大主義：傾覆現今之惡劣政府、建設共和政體、土地國有、維持世界真正之和平、主張中國日本兩國國民的聯合、要求世界列強贊成中國革新的事實。

作。對這樣的內容,孫中山先生並不贊同,但卻也沒有加以阻止,有時甚至把它視為社會主義流派的一種。他認為無政府主義的理想太過於高遠,有如烏托邦是可望而不可及的,也如神仙世界般。對於神仙的有無,既不贊成,也不反對,所以對於這樣的思想,也就以「神仙」視之了!

然而,章太炎與孫中山卻因《民報》經費的問題產生誤會,造成兩人的分裂。起因是日本政府將要驅逐孫中山離日,內閣大臣內田良平先通知孫中山,贈五千元為路費,又日商鈴木久五郎有捐贈一萬元,章太炎希望孫中山能將鈴木所贈的一萬元留下,作為《民報》編輯費,但孫中山卻考慮到南方起義急需經費,只留了二千元,同時又未將日本政府贈款之事告知章太炎,因而引起謠言,指稱孫中山已被日本政府重金收買,放棄革命,章、孫二人便因此交惡,這次事件也是造成日本的「同盟會」分裂的原因之一。

另一個原因,便是章太炎投身無政府主義的懷抱。一九○七年三月,透過日本社會主義者北一輝的介紹,張繼與章太炎寄給幸德一封短箋,希望能造訪幸德,由此更可瞭解章太炎等的革命分子,是十分仰慕幸德的無政府主義學說的!其中又以劉師培最為熱衷社會主義講習會的參與。

㈡宣揚無政府主義

在日本無政府主義運動的影響下,中國無政府主義也悄悄的在發展。一九○七年六月,劉師培及何震正式投入宣揚無政府主義的工作中,以女子復權會的名義發行了《天義》報,六

月十日創刊，每月兩期。創辦《天義》報的目的，是要破除固有的社會，實行人類平等的宗旨，除了特別強調提倡女權之外，更提倡種族、政治、經濟革命。

《天義》書影

同年八月，劉師培夫婦與張繼、章太炎成立「社會主義講習會」。由名稱上來看，這個講習會和日本無政府主義者所發起的「社會主義講習會」名稱相同，因此不難看出二者之間的聯繫。在此時幸德的作品被大量譯成中文，不過《天義》報在提到幸德秋水時，曾被以四個空格代替，以避免受到日本警察的關注。對於講習會的各項活動，相較於章太炎而言，劉師培夫婦是非常熱心的！講習會的所有活動都紀錄在《天義》報中，可見得劉師培創辦此報的另一個動機，便是要能藉此刊物的流通，讓講習會的發展更為順利。

講習會大約舉行二十多次演講，前六次是由幸德秋水、山川均、界利彥等人主持；之後的演講則分別由章太炎、張繼、何震、陶成章等人主持。⑦講習會只維持了十個月左右，印了十九期的《天義》報，其中一半的文章都是由劉師培及何震夫

婦所寫。一九〇八年初，《天義》報便一再延期，而後遭到停刊的命運；同年四月，劉師培又發行《衡報》，是一份宣揚無政府主義的報紙，創辦此報的宗旨在於：1.顛覆人治，實行共產；2.提倡非軍備主義及總同盟罷工；3.紀錄民生疾苦；4.聯絡世界勞動團體及直接行動派的民黨。在六個月間僅發行了十一期，同年十月便被日本警方查禁了。

《天義》報和《衡報》對西方無政府主義理論的介紹包括有：蒲魯東、巴枯甯、斯蒂納、克魯泡特金、托爾斯泰各家。無政府主義產生於十九世紀中葉的歐洲，是一種社會思想派別。一八四五年德國人施蒂納（Stirnen, 1806-1856）鼓吹「利己主義」的無政府主義；一八四八年法國蒲魯東（Proudhon, 1809-1856）提出反對一切權威及任何形式的統治。其後歐洲的無政府主義分為兩派：一是以繼承施蒂納、蒲魯東所宣揚的個人無政府主義；一是俄國人巴枯甯（Bakame,1814-1876）和克魯泡特金（Kropotnine,1842-1921）所宣揚的無政府共產主義。

劉師培對克魯泡特金的無政府共產主義做了全面的介紹，他將其學說概括為「互相扶助說」及「無中心說」⑧，所謂「互相扶助說」是從生物學的觀點，說明由較簡單的動物生活中的合群，以至人類的複雜關係，莫不是以互助來求生存，其

⑺ 楊天石輯：〈社會主義講習會資料〉，《中國哲學》第1輯（1979年）8月，頁374-375。
⑻ 詳見方光華：《劉師培評傳》（南昌；百花洲文藝出版社，1996年12月），頁63-64。

理論基礎在於堅信人類本身具有合作的天性，主張調和工業與農業的發展，實行小社區制度，以抗拒控制的集體生產制。就他對克魯泡特金及托爾斯泰的無政府主義的瞭解如下：「處現今有政府之世，階級社會，利用物質之文明，以掠奪平民之權利，則文明適為害民之具，不若用杜氏（托爾斯泰）之說。然政府及社會果能廢滅，則文明當力求進步，……民性惟便利是趨，未有捨積極而求消極者。故杜氏之說，用之有政府之世，足以利民；克氏（克魯泡特金）之說，用之無政府之世，足以便民。」⑨由此可知，他認為托爾斯泰主張中國回到農業社會的自由狀態對於反抗現代政府有作用，但等到無政府秩序建立後，仍需建設物質文明，此時便需要克魯泡特金的互助學說來幫助發展生產。

換言之，「社會主義講習會」的第一個工作是介紹歐洲的各派無政府主義，將巴枯甯視為社會主

《天義》刊登的「社會主義講習會廣告」

⑨ 劉師培：〈克魯泡特金學術述略〉，《天義》報第 11、12 期合刊。轉引自《劉師培評傳》，頁 64。

義運動中的激烈派代表，稱他為「誠近今之英杰也」⑩，更將
克魯泡特金的無政府主義視為「共產無政府主義最為圓滿」。
⑪然而，在吸收各種學說之後，他能利用這些學說內容建立出
自己的思想體系。

　　劉師培認為：托爾斯泰主張消極，適用於目前有政府有階
級的現世狀況；克魯泡特金所提之主張，適用於無政府已實
現、物質文明發展的時代；施蒂納主張適用於無政府後，物質
文明已經快速進步，一切享受可以自為自用的時代，也就是無
政府主義的最高境界。而這樣的順序排列，正足以反應當時劉
師培急需解決問題所提出的中國式的無政府主義主張。二十世
紀初的中國，和俄國有許多相似點，都是專制主義，社會經濟
不發達，以農民為多數的情況，一般的小額資產家害怕資本主
義的發展會讓自己破產，但又經不起物質文明的誘惑，於是把
個人絕對自由視為最高境界。因此劉師培才會提出以托爾斯泰
主張為當前要務，使小額資產家回到從前的寧靜，免除受破產
的煎熬；進而克魯泡特金描繪的美好生活是其次；最後便可達
到施蒂納所提的最高境界。

　　除了將外來的思想重新整合介紹給社會大眾外，對於無政
府主義，劉師培在旅日的這段期間，也提出不少的主張，而這
些主張大多是他依據當時中國所遇到的問題所提出的解決方

---

⑩ 劉師培：〈巴枯甯學術要旨〉，《天義》報第1期。轉引自李妙
　　根：〈論辛亥革命前後劉師培的政治思想〉，《求是學刊》1983
　　年第4期（1983年8月），頁84。
⑪ 同註⑻。

法。其思想的主軸，也不離西方無政府主義的框架，不過在經過他的重新闡述後，便可以稱得上是當時中國無政府主義思想的代表。

四、劉師培的無政府主義思想

劉師培的無政府主義思想主要呈現在他所發表的文章中，這些文章多半產生在他旅居日本的這段時間，發表在《天義》報及《衡報》上，以下便將這個時期的思想內容歸納為下列三點來探討。

(一)「平等」思想

他的無政府思想，以發揚平等精神為重心，他在〈天義報啟〉中提到：「以破壞固有之社會，實行人類之平等為宗旨，于提倡女界革命外，兼提倡種族、政治、經濟諸革命，故曰天義。」[12]故依據平等原則全面檢視固有社會的種種弊端，予以揭發，乃是《天義》

《衡報》書影

---

[12] 原載於《復報》第10期（1907年7月）。轉引自《劉師培評傳》，頁62。

報的基本使命。

，劉師培在〈無政府主義之平等觀〉⑬一文中，先提出人類不平等之原因包括階級不同、職業不同、男女不平等三項，而這些原因皆是由於人為所造成的，因此認為人類有恢復平等的天性；其次探究世界人類不平等之現象，分三個方向，首先分析政府與人民之間不平等的現象，認為雖然野蠻國家的人民之自由權尚待維持，但文明國家的人民並無自由權可言，以中國、歐洲中世紀的人民自由聯合之團體為例，在專制主義統治之下，即便有組織團體的權利，但解散之權仍操縱在政府手中。又以俄國、日本及北美為例，指稱就算改君主為民主，既有政府，便有統治機關，有機關則有掌握機關之人，則有人便有特權，因此主張政府為萬惡之源。

世界人類不平等的原因之二，乃是資本家與傭工之間的不平等。他認為就歷史的觀點來看，有太多實例證明資本家是只享權利而不盡義務的，而傭工卻永遠在盡義務而無法享受權利。然而他們沒有反思，這些富人的財富乃是傭工所賜，假使沒有傭工的勞力，那富人又如何能累積財富，然而這些既得利益者不僅剝奪傭工的財富，甚而剝奪了他們的生命權，故「資本家之道德，最為腐敗」。因此主張現今世界急需解決這項不平等。原因之三，則為強族之於弱族的不平等現象，以歐美各國所倡的帝國主義為例，欲向外擴張權利及吸收他國的財源，如此便造成強族對於弱族之不平等。

---

⑬ 原載《天義》報第4、5、7期，後收入李妙根編：《劉師培辛亥前文選》（香港：三聯書店，1998年7月），頁116-132。

　　綜合上述可知，劉師培認為由於強權及私有財產的存在，而產生了不平等的現象。因此他在〈廢兵廢財論〉⑭一文中主張廢除強權所倚靠的兵與財，藉以廢除戰爭，打破階級。換言之，統治者利用軍隊及財富來控制人民，所以終止戰爭的最好方法便是廢除軍隊及財產，推翻政府，除去國界，同時所有的土地和財富都要分給人民。

　　此外，為實踐人類平等的理想，他在〈人類均力說〉⑮一文中提出相關主張。他認為人類之所以不平等，是因為過分倚賴他人，或是被他人所控制，因而產生束縛不能獨立。人如果要獨立，並要採取一人兼具各種技術的均力主義。要實行均力說，需要先破除國界，在將人口達一千人以上的地方劃分為鄉，每鄉設一老幼棲息所，收容五歲以下的幼童與五十歲以上的老人。六歲到十歲的孩童跟隨老人學習世界共同的文字，因為打破國界後必會發明一種通行世界的簡單文字和語言。此後到二十歲之前的十年間，半日修習普通學科，半日學習機械的製作。自二十一歲起即從事工作，但其工作隨年齡而有不同，工作分配如下表：

---

⑭〈廢兵廢財論〉，原載於《天義》報第2期，後收入李妙根編選：《國粹與西化——劉師培文選》（上海：上海遠東出版社，1996年4月），頁151-156。

⑮〈人類均力說〉，原載於《天義》報第3期，後收入《劉師培辛亥前文選》，頁106-115。

二十一歲至三十六歲工作表

二十一歲	二十二歲	二十三至二十六歲	二十七至三十	三十一至三十六歲
築路	開礦伐木	築室	製造鐵器陶器及雜物	紡織及製衣
業農				

三十六歲以後工作表

三十七至四十歲	四十一至四十五歲	四十六至五十歲	五十以後
蒸飪	運輸貨物	為工技師及醫生	入棲息所擔任養育幼童及教育之事

　　他的理論基礎是依據許行的並耕說，認為並耕不僅不問貴賤，人人一起工作更能打破階級，同時隨著年齡而改變職業，兼備各種不同的技術，欲借此消弭因職業差異而產生的對立。由此可知，人類均力說乃是繼承並耕說，彌補其缺點，想澈底打破階級制度。然而這樣的構想，就現實面來看，似乎仍舊過於理想，試問一個人有可能在三十年的時間學習十五種的技藝，在實行上是有困難度的。儘管如此，他仍舊深信所有政府、階級、國家若有根除的一天，平等與無政府主義便可實現。

㈡「自由」思想

　　劉師培在宣揚無政府主義時，曾提出中國是最容易實現無

政府主義的國家，因為幾千年來的中國政府是根植於儒家和道家，而這兩家學說均主張放任，不主張干涉，故名義上有政府的存在，事實上卻沒有政府。他認為中國的過去是最適合無政府主義，因此他認為深受物質主義及功利主義影響的西方文明，絕對不是中國的典範。

在他的無政府思想中，提出人生而具有獨立、自由、平等三權，獨立、自由二權以個人為本位，而平等之權必合於人類全體，因此他是以平等為重心，甚至認為若欲維持人類之平等，寧可限制個人自由權。這種偏重平等而輕視個人自由的主張，與西方無政府主義的理論有很大的不同。⑯劉師培認為自由與平等存在因果關係，要種下平等的因才會得到自由的果。

如何排除干涉束縛，以達到保障個人自由的目的，劉師培認為只要實行人類均力說，讓人人都不用受制於人，人人都可獨立，便可以得到自由權，享受自由平等的生活，並主張每人一天的工作時間以二小時為限，其他時間從事自由活動。在他的理想社會中，不需要法律、政府及國家等壓迫人類自由的工具，而完全依照自由來組織充滿政治及經濟自由的共同體。他認為只要一推翻政府，便可實行無政府主義，實行人類均力，便可達到人類自由的境界，然而他卻不贊成極端的個人主義，這是與西方無政府主義最大的不同點。

---

⑯ 西方無政府主義者認為：無政府主義理想的實現，應該經由對於個人自由的尊重，進而達到個人的解放，當個人不再受到外力的限制，人性本質的至善面便會浮現。其間的關鍵便在自由價值觀的肯定，而基本精神應奠基於個人自由的相互尊重。

(三)「革命」思想

劉師培對於革命的主張，在〈論種族革命與無政府革命之得失〉[17]一文中提到他反對狹隘的種族主義革命，主張大眾革命[18]，他的排滿不是要伸張漢人的特權，不是為了少數人的權利，而是要根除所有的不平等，不僅是中國與滿州的不平等、還有印度與英國的不平等、安南與法國的不平等，同時他的排滿是要實行無政府革命，他深信只要滿清一被推翻，便可積極地從事無政府主義運動，不再建立任何類似政府的機關。

就實行革命的方法來談，劉師培主張首先要出版書刊及透過演說來向廣大的人民宣揚無政府主義的思想；其次要組織勞工團體，發動罷工，拒絕納稅，更激烈的方式，便是處決人民的公敵。在此，劉師培並不強調用暗殺的方式，但贊成在革命的過程中，使用暴力的手段。他更主張革命先實行於中國，次於亞洲，再到全世界。

(四)劉師培無政府思想的影響

無政府思想蘊含著抵抗強權，追求平等、自由，以及公理正義的理想，因此透過其主張，逐漸普遍而深入地影響人心，尤其在日本無政府思想及運動的領導者幸德秋水等十二名主要

---

⑰〈論種族革命與無政府革命之得失〉，《天義》報第6、7期。後收於張枬、王忍之編：《辛亥革命前十年間時論選集》（北京：三聯書店，1963年1月），第2卷，下冊，頁947-959。

⑱劉師培早期鼓吹排滿革命，理論的依據是種族概念，主張漢民族的優越地位，但經過無政府主義的薰陶後，觀點有所改變。

人物，被日本警方以謀刺天皇的罪名加以逮捕的事件，被上海發行的報紙報導後，便無形地在中國本土廣為流傳。無政府思想對革命的影響在於暗殺主義的傳播。暴力暗殺雖然不是無政府主義實踐的唯一方法，但是因中國當時的時代環境，使得革命黨人很熱烈地接受暴力暗殺等激烈的手段。

由於一九○七年以來，透過劉師培等人的介紹宣揚，無政府主義思想逐漸在國內發生影響，除了接連不斷地暗殺事件外，在思想傳承上，劉師復由於受到劉師培及「新世紀」諸人的影響，轉而崇信無政府主義。

無政府主義在中國所發生的影響，雖然不完全來自劉師培，然而劉氏的宣揚必定有一定的份量。試觀其在所辦的《天義》報及《衡報》中發表鼓吹無政府主義的文章，翻譯論述世界無政府主義的著作，介紹各地無政府革命運動；又在所創的「社會講習會」中演說無政府主義，並與日本無政府主義幸德秋水等人來往，邀請他們到講習會演講，更支持他們在日本的革命運動。這些事跡傳到中國，必會產生一定的影響，或許共產主義的興起，也是他宣揚的影響之一，畢竟在《天義》報中曾將「共產黨宣言」全文譯成中文並加以刊載，且劉師培也常將無政府主義與共產主義混用，並主張共產。總而言之，雖然他宣揚無政府主義的地點是在日本，但透過報刊的流通，很成功地將其主張流傳至中國，並得到一定的影響力。

五、結語

談到劉師培在日本的事蹟，一定會提到章太炎，可以想見
兩人情同手足。從一九○三年結識之後，章太炎對於劉師培的
政治思想與學術研究都有一定程度的影響，他們也共同提出了
國粹主義的文化觀。然而到了一九○八年，兩人卻因小事而反
目。事情是他們夫妻在東京時與表弟汪公權及章太炎同住，由
於何震行為不檢，與汪公權關係曖昧，章太炎提醒劉師培要他
注意，卻被劉母大罵章太炎造謠生事，因而劉師培在母親及妻
子的影響下，誤解了章太炎的用心，迫使章太炎搬出劉寓，在
當時成為轟動留日學界的大新聞，接著便發生有名的「毒茶
案」，後來查明是汪公權在茶中下毒，想謀殺章太炎，一時東
京留日學界輿論譁然，對劉氏夫婦相當不利。

此時，日本政府應清朝政府的要求，查禁《民報》等留日
學界七種中文報刊，《天義》報也在其中，因而被迫停刊。劉
師培同時又宣佈在澳門續出《衡報》，只是出版十期後便又中
止，此時又適逢「毒茶案」水落石出，因此讓劉師培夫婦及汪
公權在日本無法立足而相繼回國。回國後甚至反誣章太炎與清
朝政府關係曖昧，造成「同盟會」分裂，而自己便在妻子何震
的安排下，進入端方幕中，成為革命的叛徒，背離了反滿陣
營，也放棄了無政府主義。

劉師培的一生雖短，卻如此多變，正如中國近現代交替所
造成的社會變動，或許他的事蹟正是當時社會變動的一個縮

影。他的政治思想歷經三變，其中又以赴日後提倡的「無政府主義」最令人心驚動魄。然而，在他正登上激烈的巔峰時，卻突然轉身投入清政府的懷抱中，其思想之遞嬗與人格之多變，一直讓後人無法理解。儘管如此，一九一一年由於端方被殺，劉師培失去屏障。次年，章太炎卻能盡釋前嫌，與蔡元培登報找尋劉師培的下落，希望能與他通信，足見章太炎惜才愛才之心切！然劉師培卻以一貫的態度執著於自己堅信的理想，在一九一九年十一月因肺病逝於北京。

參考書目

劉申叔遺書（全二冊）　劉師培著　南京　江蘇古籍出版社
　　1997 年 3 月

劉師培辛亥前文選　劉師培著，李妙根編，朱維錚校　香港
　　三聯書店　1998 年 7 月

劉師培評傳　方光華著　南昌　百花洲文藝出版社　1996 年
　　12 月

近代中國思想人物論——社會主義　蕭公權等著　臺北　時報
　　文化公司　1981 年 4 月

劉師培與清末的無政府主義運動　王汎森著　大陸雜誌　第
　　90 卷第 6 期　頁 1-9　1995 年 6 月

論辛亥革命前後劉師培的政治思想　李妙根著　求是學刊
　　1983 年第 4 期　頁 78-89　1983 年 8 月

劉師培的無政府主義　吳雁南著　貴州社會科學　1981 年第 5

期　頁51-58　1981 年

相關文獻

陳中凡　　儀徵劉先生行述

　　　　　清暉集　　頁116-119　　北京　　書目文獻出版社

　　　　　1987 年 5 月

方光華　　劉師培評傳

　　　　　南昌　　百花洲文藝出版社　23,273 面　1996 年 12 月

郭秉剛、孫耀芬　少年國學大師劉師培

　　　　　名人傳記　1997 年第 11 期　頁88-95　1997 年 11 月

李妙根編選　國粹與西化：劉師培文選

　　　　　上海　　上海遠東出版社　10,311 面　1996 年 4 月

嵯峨隆　　近代中國の革命幻影——劉師培の思想と生涯

　　　　　東京　　研文出版社　270 面　1996 年 4 月

橫山宏章　「近代中國の革命幻影——劉師培の思想と生涯」

　　　　　嵯峨隆——革命の光と影を理解するために

　　　　　東方　　第189 期　頁19-22　1996 年 12 月

張元濟在日本

翁 敏 修 *

一、前言

「昌明教育生平願，故向書林努力來」①，張元濟先生可以說是學貫中西、博古通今：他曾經參加傳統科舉考試，先後取得舉人、進士榮銜，並獲得官職；又在西方思想薰陶下，力主維新，獲光緒帝親召嘉勉，惜於戊戌變法失敗後被革職永不敘用；而後任職南洋公學、帶領商務印書館，為翻譯、出版教科書、保存善本書籍作出了極大貢獻。

觀其一生，雖然身處於中國新舊觀念交替如此劇烈的時代，他卻能適當地、巧妙地扮演自己的角色，在歷史上留下不可抹滅的痕跡。學者張舜徽極力稱揚他的成就：「過去從乾嘉以來的清代學者們，想作而沒有作、並且不可能作到的工作，他都作到了。在他堅持工作五六十年的漫長歲月裡，無論是訪書、校書、印書的工作，都作出了卓著的成績。對於發揚我國

---

* 翁敏修，東吳大學中國文學系博士生。

① 張元濟：〈別商務印書館同人〉，《張元濟詩文》（北京：商務印書館，1986年10月），頁52。

文化，開展研究風氣，貢獻至為巨大，影響至為深遠。」②。

自早年師法日本，倡言政治維新開始，張元濟的一生就與日本結下了不解之緣：主持南洋公學與商務期間，曾經翻譯多種日文著作；並多方搜羅古書，與多位日本漢學家結為好友，更三次赴日本考察教育與探訪古書。然而一九三二年上海「一二八事變」爆發，日軍殘暴地破壞商務印書

張元濟 像

館、東方圖書館，卻又使其多年致力收藏善本書籍的心血，全部付之一炬。在這篇文章裡，筆者將透過張氏年譜、書札、詩文及相關傳記，略述其生平事蹟及與日本的關係，並依時間先後敘述前後三次赴日始末。

二、張元濟生平

張元濟，字筱齋，號菊生，浙江海鹽人，清同治六年九月二十八日（1867 年 10 月 25 日）出生於廣州，由於父親張森玉（1842-1881）時任廣東會同、陵水二縣知縣，幼年時期在廣東度過。始祖為南宋名臣張九成（1092-1159），字子韶，別號橫

---

② 張舜徽：〈張元濟對整理文獻的重大貢獻〉，《中國文獻學》（臺北：木鐸出版社，1988 年 9 月），頁319。

浦先生，南宋紹興進士，廷對第一，歷官著作郎、宗正少卿禮
部侍郎，為人「正色立朝，敦尚氣節，為有宋名臣」。自明代
洪武年間，始遷祖張留生由錢塘遷至海鹽之後，海鹽張氏即為
浙西書香世家。十世祖張奇齡（1582-1638），字符九，明萬曆
三十一年（1603）舉人，學識淵博，曾主講杭州虎林書院，人
稱「太白先生」。九世祖張惟赤（1615-1676），字侗孩，別號
螺浮，清順治十二年（1655）進士，歷官戶部山東司主事、補
刑部右給事、荊南副史，為官直言敢諫。致仕回籍後將父親治
學、藏書的處所「太白居」，加以拓建成一具備水榭亭閣、景
觀別緻的藏書樓──「涉園」。③

　　經過後來幾代努力不懈的著書、刻書、購書，涉園藏書日
趨豐富，於乾、嘉時期更成為四方學者爭先借書、校勘、吟遊
之處，馮浩〈涉園圖記〉如此形容當時涉園的面貌：「峰嶺泉
壑，臺榭亭館，高低向背，離合盤紆，審勢相宜，各成面
目。」鮑廷博、陳鱣、黃丕烈等文人均曾在此留下足跡。可惜
自道光末年遭逢太平天國之亂後，涉園藏書逐漸散出，到了父
親張森玉時，因家道中落，園林早已久廢不復昔日。先生追憶
當時他返鄉後，所見到涉園的淒涼景象：

　　春秋暇日，嘗偕群從昆季出城訪涉園廢址。至則林木參
　　天，頹垣欲墮，塗徑沒蓬藁中，小池堙塞，旁峙壞屋數
　　椽，族人貧苦者居焉。躑躅牆畔，偶於苔蘚中見石刻《范

③ 設立「涉園」之由，在於「既以體若考作室之心，且以示後人繼
　述之義」，見〈海鹽張氏涉園叢刻跋〉。

　　忠貞詩》，摩挲讀之，徘徊不忍去。④

　　日後先生為感念先人事跡，不但自號「涉園主人」，將自己的藏書樓亦命名「涉園」，多方訪求並重印昔日涉園舊藏與先祖遺澤，更是其歷年搜求古籍的一個重點。

　　張元濟自幼入塾，先後從孫鉞、湯海帆、朱藝亭、陳楚白及姨丈劉允中就讀。光緒十年（1884）縣試名列第一，十五年（1889）鄉試第十名舉人，十八年（1892）中壬辰科二甲第二十四名進士，同科者有蔡元培、葉德輝、唐文治等。光緒帝親授翰林院庶常館庶吉士，散館後授刑部貴州司主事，後任總理各國事務衙門章京。二十一年（1895）冬與陳昭常、張蔭棠、何藻翔、周汝鈞等人，組織「健社」，取《易‧乾卦‧象傳》：「天行健，君子以自強不息」之意，宗旨在「約為有用之學，蓋以自強不息相交勉，冀稍挽夫苟且畏縮之風」，後又創設「通藝學堂」，緣以「時事多艱，儲才宜亟」，故欲全面傳播西學、培植人才。

　　光緒二十四年四月二十三日（1898年6月11日）國是詔下，二十八日（6月16日）張元濟與康有為⑤同獲光緒帝召見，蒙帝諮詢維新與通藝學堂事。七月二十日張氏上〈痛陳本病統籌全局以救危亡折〉⑥，痛陳廷臣新舊殊途，各懷兩不上

⑷ 同前註。

⑸ 康有為（1898-1927），字廣廈，號長素，廣東南海人。近代著名學者、思想家、政治家。

⑹ 張元濟：〈上光緒奏折〉，《張元濟詩文》，頁110。

下之心，並提出設議政局、融滿蒙之見、通上下之情、定用人
之格、善理財之策等種種變法措施。可惜在守舊勢力反對下，
「戊戌變法」歷時僅僅百日旋告失敗，光緒帝被軟禁於瀛台，
康有為、梁啟超⑦出亡，譚嗣同、楊銳等六君子被害，慈禧太
后重掌大權。八月二十三日（10月8日）先生奉旨「革職永
不敍用」，並結束通藝學堂校務，併入京師大學堂。

　　隨後得李鴻章向時任南洋公學督辦盛宣懷推薦，遂舉家南
下上海發展。南洋公學成立於光緒二十三年（1897），由於公
學附設之譯書院，缺乏熟悉西文，又精通譯印之事的人主持其
事，故盛宣懷延請先生出任譯書院院長。二十七年（1901）南
洋公學總理何梅生病故，復由張氏兼代總理。

　　光緒二十八年（1902）應夏瑞芳的邀請，進入商務印書
館，此後五十餘年間，與商務印書館結下了不解之緣，歷任商
務印書館編譯所所長、經理、監理、董事長等職務。主持商務
期間，規劃並參與編寫多種最新教科書、辭書，購入各處散出
的善本書籍與各國新出書籍，先後成立涵芬樓、東方圖書館、
合眾圖書館加以珍藏，再三致力於教育、出版、圖書館等事
業。尤其主持《四部叢刊》、《百衲本二十四史》、《續古逸叢
書》、《叢書集成初編》四大套叢書的景印出版，更對保存文
獻、學術研究影響深遠。

　　一九四八年四月，以「主持商務印書館數十年，輯印《四
部叢刊》等書，校印古本史籍，於學術有重大貢獻」，當選中

---

⑦ 梁啟超（1873-1929），字卓如，號任公，廣東新會人。近代著名
　學者、思想家。

央研究院第一屆院士，與傅斯年、吳稚暉、胡適、董作賓、郭
沫若等人同列人文組，學術成績卓越，足為學者典範。一九四
九年中華人民共和國成立，受毛澤東之邀同遊天壇，晚年續成
《續古逸叢書》第四十七種宋槧《杜工部集》，於病中尚殷殷關
心整理《冊府元龜》之事。一九五九年八月十四日病逝於上海
華東醫院，享年九十三歲。

三、張元濟與日本

　　回顧中國近代歷史，與鄰國日本的關係著實密不可分。自
明治維新後，日本國力日趨強盛，逐漸對鄰近的朝鮮與中國產
生威脅。反觀中國，在清咸豐十年（1860）英法聯軍之役戰
敗，接連簽訂天津、北京不平等條約後，始由恭親王奕訢、曾
國藩、李鴻章等人，推行「自強運動」（又稱洋務運動），以國
防、外交為改革重點，「師夷長技以制夷」，力圖洗雪國恥。
同治十三年（1874）日軍侵犯台灣，是為中日兩國正式衝突的
開始，光緒五年（1879年）日本併吞琉球，十一年（1885）
簽訂中日「天津條約」，朝鮮成為中日共同保護國，在這幾十
年間的互動中，日本逐漸佔了上風。

　　光緒二十年（1894）朝鮮東林黨亂起，日本藉機出兵，中
日甲午戰爭爆發，結果中國慘敗，雙方簽訂中日「馬關條
約」，中國賠款二萬萬兩，並割讓遼東半島、臺灣、澎湖予日
本。對於戰敗的中國而言，這場戰爭宣告了一個殘酷而清楚的
事實：「自強運動」失敗了！對有志之士而言，這著實是莫大

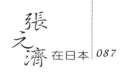

的警訊。張元濟晚年〈戊戌政變的回憶〉一文即談到：

> 五十多年前，因為朝鮮的事件，中國和日本開戰，這就是
> 甲午中日戰爭。結果我們被日本打敗，大家從睡夢裏醒過
> 來，覺得不能不改革了。⑧

在京任官期間，曾與文廷式、黃紹箕、汪大燮、徐世昌、沈曾
植等人，多次於北京市南郊的陶然亭聚會，議論國計民生，在
先生一九五二年冬所作〈追述戊戌政變雜詠〉，有詩追憶其
事：

> 松筠遺跡弔孤忠，又上江亭眺遠空。不見西山朝氣爽，沈
> 沈散入暮雲中。⑨

詩後並有文記曰：「中日戰敗，外患日迫。憂時之士每相邀約
在松筠菴陶然亭集會，籌商挽救之策，討論當時所謂實務西
學，余亦間與其列。」當時與會者多一時名士，可惜因為毫無
組織、意見紛歧，加上結黨集會在當時被視為禁忌，不久聚會
便告中止。

　　在這種氣氛之下，終於產生了光緒二十四年的「戊戌變
法」，可惜在以慈禧太后為首的保守勢力阻撓下，變法仍然難
逃失敗的命運。八月初六（9月21日）政變發生，即康有為

---

⑧ 張元濟：〈戊戌政變的回憶〉，《張元濟詩文》，頁232。
⑨ 張元濟：〈追述戊戌政變雜詠〉，《張元濟詩文》，頁57。

遭革職的當天，張元濟正率領通藝學堂學生，到東交民巷日本使館拜訪日本名人伊藤博文，伊藤已知政變之事，惟不便明言，只委婉對大家說：「一個國家要變法，不是一件容易的事，一定要經過許多挫折才會成功的。諸位有志愛國，望善自保重。」⑩百日維新失敗，張氏奉旨「革職永不敘用」，倖免於難之餘，他在〈戊戌政變的回憶〉的最後一段如此寫道：

> 在當時環境之下，戊戌變法的失敗是必然的，斷斷無成功的可能。當時我們這些人要借變法來挽回我們的國運，到後來才知道是一個夢想。⑪

〈追述戊戌政變雜詠〉亦記曰：

> 帝王末世太艱辛，洗面長流涕淚痕。苦口丁寧宣國是，憂勤百日枉維新。何處雞聲鳴不已，風瀟雨晦倍蕭寥。分明陰盛陽衰樣，應是司晨出牝朝。同罪豈能行異罰，寬嚴妙用特恩叨，若非早放歸田里，怎免刑書列二毛。⑫

五十年後張氏回憶當年，詩、文中莫不充滿了遺憾、惋惜之情。

在李鴻章的幫助下，張元濟赴上海主持南洋公學譯書院，

---

⑩ 同註⑻，頁235。
⑪ 同註⑻，237。
⑫ 同註⑼，頁61。

開始了人生的另一階段。改革政治的路雖然失敗了，但他在上
海找到了另一條路，那就是——教育。光緒二十五年（1899）
末，會見來上海訪問的日本學者內藤湖南，兩人以筆談方式暢
論教育問題，皆一致認為：「要培養人才，首先必須興辦學
校。在形成知識分子倫理道德方面，我們必須首先關心學校裏
的學生。」張氏認為要向日本學習，可先從翻譯日文著作、培
養日文人才開始：

> 我國變法，不能無所師，求師莫若日本。法律之學，探本
> 窮原，非一朝夕之事。欲亟得師，莫若多譯東文書，先條
> 件而後理論。⑬

於是有翻譯《日本法規大全》之議，並請駐日本使館贊使兼留
學生監督夏地山組織留學生從事，可惜因經費不繼而中止，此
書日後於光緒三十三年（1907）始由商務印書館出版。譯書院
於二十七年附設東文學堂，招收學生四十名，先生兼任學堂主
任，聘譯書院翻譯細田謙藏、稻村新六為教員，以培養留日學
生與翻譯人才為目標，可惜半年後亦因經費緊縮而停辦。

除了法律、文化之外，因為對日戰爭的失利，也讓張元濟
注意到了國家軍事力量的重要性。主持譯書院期間，同時也翻
譯了《日本兵書九種》（包括《日本陸軍學校章程匯編》、《日

---

⑬ 張元濟：〈日本法規大全序〉，見於〔清〕南洋公學譯書院譯：
《日本法規大全》（上海：商務印書館，1911年），卷首。

本憲兵制》、《軍隊內務書》、《戰術學》等書），以及《日本
陸軍學校》、《野外要務令》、《步兵部隊教練法》等一系列日
本軍事著作。而後主持商務印書館，於一九〇八年、一九一〇
年與一九二八年間，也曾三度出訪日本，前兩次內容為考察教
育出版事業，第三次則為探訪古書，留待第四、五兩節再詳加
敘述。

　　張元濟亦是我國圖書館事業的開拓者，據現存文獻顯示，
最早使用「圖書館」這個名稱的，就是他所創設的通藝學堂圖
書館，他建立了圖書館的規章制度，最重要的是，圖書館公開
對外開放，供社會人士閱覽使用，不再如同舊時私人藏書樓藏
私自珍，甚至到了「凡各廚鎖鑰，分房掌之。禁以書下閣梯，
非各房子孫齊至，不開鑰」的地步。而光緒三十四年（1908）
涵芬樓、一九二六年東方圖書館的創辦，則是張氏費盡心血，
多方搜羅國內各家散出藏書、徵集各地方府州縣志，以及歐
美、日本所出版新書的總凝聚。可惜一九三二年「一二八事變」
爆發，日軍於夜晚十一時大舉侵犯我上海閘北地區。翌日清
晨，日軍飛機瘋狂轟炸市民居住區，並對商務印書館投下六枚
炸彈，使得總管理處、印刷廠、紙庫、書庫、東方圖書館皆中
彈起火，惟因戰事激烈，導致交通中斷，張氏尚無法得知確實
消息。二月一日日本浪人再次潛入東方圖書館縱火，將轟炸時
未毀之書籍消滅殆盡，當時「飛灰滿天，殘紙墮地」，紙灰飄
揚久久不去。張氏睹此慘狀，悲憤異常，不由深深自嘆且自
責：

工廠、機器、設備都可重修，唯獨我數十年辛勤搜集所得的幾十萬冊書籍，今日毀於敵人炮火，是無從復得，從此在地球上消失了。這也可算是我的罪過，如果我不將這些書搜購起來，集中保存在圖書館中，讓它仍散存在全國各地，豈不可避免這場浩劫！⑭

在這場浩劫中，除涵芬樓善本書籍五百餘種，僥倖於一九二七年移存租界金城銀行保險庫外，其餘全部化為灰燼。共計被毀普通書中文十六萬八千冊、外文八萬冊、圖表照片五萬套；普本書三千二百種、二萬九千冊，及購進揚州何氏善本書四萬冊、全部方志。最令張氏痛心欲絕者，是二部眉山七史之一的《周書》、張金吾手輯稿《詒經堂續經解》九十一種、何焯手校《古今逸史》，以及辛苦蒐集的方志。

　　一九三七年七月七日「盧溝橋事變」爆發，對日抗戰開始。十一月上海宣告淪陷，直到抗戰結束，張元濟在上海度過了長達八年的「孤島」生活。期間專事校勘《百衲本二十四史》、《冊府元龜》，冀望停戰後得以付印。又因生計日窘，不得已賣文鬻字以求餬口，然其間刻有一方印章自況，銘曰「戊戌黨錮孑遺」，以示其孤高之志。據其子張樹年的回憶⑮，一九四二年初，曾有日本文化特務驅車前來拜訪，張氏則取便條

⑭ 張樹年：〈我與商務印書館〉，《商務印書館九十五年》（北京：商務印書館，1992 年 5 月），頁290。
⑮ 張樹年：《我的父親張元濟》（上海：東方出版中心，1997 年 4 月），頁192。

紙，書寫「兩國交戰，不便接談」八字以婉拒之。

四、赴日考察與環球遊歷

　　清光緒三十四年（1908），自擔任商務印書館編譯所所長五年之後，張元濟首次東遊，目的在觀光與考察教育。根據年譜現存的記載⑯，六月初三、初四，夏瑞芳、高夢旦、蔣維喬、陶葆霖，日人長尾槇太郎、木本勝太郎等人分別設宴為其餞行。十三日（7月11日）啟程赴日本，十五日船至長崎；九月初七（10月1日）由東京乘博愛丸回國，十三日返抵上海。

　　停留日本的七十餘日中，由西而東共遊覽了長崎、馬關、廣島；大阪、奈良、京都；東京、日光、箱根等地。此次赴日，對張元濟而言可說是較為輕鬆的，因此他從容地欣賞各處風景名勝：六月十八日遊奈良，十九日遊西京（京都）；七月初六日遊日光，十一日到鹽原，三十日遊箱根，「黃公度（遵憲）之弟幼達同年自蘆之湯來訪，又同往伊處宿兩宵，浴硫磺泉，復返箱根。愛其風景幽靜，頗欲多住數日」。⑰在日期間，亦頗留心國內政局，當他聽到清廷頒布〈欽定憲法大

---

⑯ 張樹年主編：《張元濟年譜》（北京：商務印書館，1991年12月），頁78。編者謂1908-1910年間張元濟赴日考察與環球遊歷，均有信函或明信片記錄旅途見聞，評述各國文化教育，可惜全毀於文化大革命。

⑰ 張元濟：〈致高鳳謙、陶惺存、杜亞泉〉，《張元濟書札》（北京：商務印書館，1997年12月），下冊，頁962。

綱〉、〈議院選舉法要領〉，訂預備立憲期為九年時，感到非常
欣喜。但他認為更應該出版相關書籍，以啟民智，「宜時時從
高一層著想，以為國民之嚮導。……鄙意尤重在先編淺近諸
書，層層解說，如何為議院，何為選舉，每類一冊，排列次
第。……專備內地紳士入門研究之用」。

　　考察教育方面，六月二十一日東京金港堂觀新書。八月十
九日參觀東京高等工業學堂，明治十四年（1881）設立，原名
東京職工學校，後於昭和四年（1929）升格為東京工業大學，
以理學、工學為主。張元濟在學堂裡，看到日本學生勤奮學習
的情況，而對中國留學生貪圖逸樂、不肯上進，感到非常難
過：「學生有做鐵匠者、有做染工者、有做織工者，可見中國
學生之不肯吃苦，真是沒出息。」⑱

　　九月初二參觀早稻田大學圖書館，原名東京專門學校，設
立於明治十五年（1882），三十二年（1899）開放中國留學生
入學，三十五年（1902）改制大學部。參觀期間，受到圖書館
長市島謙吉的幫助甚大，張元濟於回國後特地致函感謝。此行
也與駐日公使胡維德共同出席東京浙江同鄉會集會，並應邀發
表演說，同時會見亦在日本考察圖書館、博物院章程的盛宣
懷。

　　事隔一年多後，宣統二年二月七日（1910年3月17日），
張元濟由上海啟程，展開為期長達十個月的環球之旅，出遊的
重點據其自言在考察教育：

⑱ 同註⑯，頁79。

此次在部呈請出洋遊歷，擬專意調查初等教育及貧民教育事宜，冀他日歸國可以稍效壞流之助。聞英國注重格致、美術、實業等等教育，而於強迫教育殊不措意。德、美二國均出其上，將來當擬到彼詳考一切。⑲

經海路過廈門、廣州、香港，由亞洲、歐洲而後美洲，共計出訪了新加坡、斯里蘭卡、埃及、荷蘭、英國、愛爾蘭、比利時、德國、捷克、奧地利、匈牙利、瑞士、義大利、法國、美國、日本等十餘國，於十二月二十一日（1911 年 1 月 18 日）返抵上海。

此行除考察教育文化設施、印刷出版技術外，更會見了許多老朋友與國際知名漢學家：宣統二年二月二十四日於檳榔嶼會晤康有為，並同遊植物園；八月二十八日與蔡元培同登 Pitatus 山頂。在倫敦期間會晤吳稚暉與斯坦因，並參觀大英圖書館，見所藏敦煌文書；而在巴黎期間曾拜訪法國漢學家沙畹，並與法人伯希和同覽法國國家圖書館敦煌文書。

約十二月下旬，繼訪問歐美諸國之後，張元濟自舊金山登輪渡太平洋，經夏威夷而抵日本橫濱，旋至東京，與先其抵達的高夢旦會合，是為第二次赴日。張氏撰有自述此旅之文〈環遊談薈〉，首段談到此次赴日概況：

⑲ 張元濟：〈致陶葆霖、高鳳謙〉，《張元濟書札》，下冊，頁 980。

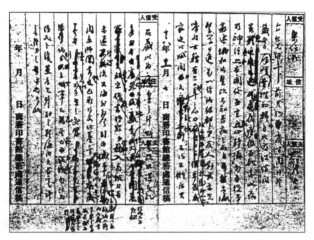

〈致梁啟超〉書影

既抵橫濱，陸行入東京，而奈良，而神戶。復遵航路歸上
海，時十二月十八日也。⑳

造訪日本的時間較為短暫，只有大約一個月的時間。由於〈環
遊談薈〉初發表於《東方雜誌》第八卷第一號，第八卷第二號
續載後即中止，其記事至抵達英倫半島即止，並未完整記述其
旅程，所以於日本的活動並不十分清楚。由今日所存書札、詩
文可知，其最重要者是此行曾於神戶會見梁啟超。

梁啟超自光緒二十四年（1898）戊戌政變後，即在日本友
人的幫助下流亡日本，並先後於日本創辦《清議報》、《新民
叢報》，繼續鼓吹其政治、文學主張。關於此次會面，張氏在
回國後致梁啟超的書札中寫道：

⑳ 張元濟：〈環遊談薈〉，《張元濟詩文》，頁187。

> 任公同年：到神戶，獲相見，甚幸。蒙以盛筵相餉，尤深
> 心感。先是郵船會社告以丹波丸次日抵門司即行，故匆匆
> 登程，不克與公作竟夕談。詎舟抵彼處，仍下栓逾日，兀
> 坐艙中，殊可恨也。[21]

張元濟與康有為是舊交，此次環球之旅已於新加坡見過康氏，
而於歸國前夕又能與任公相見暢談，蒙其設筵款待，自是無限
歡喜，卻因船東所告知的船期有誤，錯失了竟夕深談的機會。
其後一九五三年於〈梁令嫻女士寄示林權助景印任公避難時遺
墨〉詩第一首，也補述了當年一段往事：

> 謖謖松風滿寓廬，主賓笑語晚來初。小姑散學剛歸日，手
> 扶書囊記也無。[22]

詩後有注語云：「余於宣統二年（1910）歸自歐美，過神戶，
訪任公於海濱廬。女士手扶書囊，正自學校歸來。」「人生不
相見，動如參與商」，張、梁二人在海濱小屋促膝長談，充滿
了他鄉遇故人的感動。適逢梁任公的女兒下學返家，手扶書
囊，親切向遠來的訪客問好。此情此景，讓張元濟永生難忘。
　　返國後二人屢有通信，情誼未減。張元濟力邀梁啟超每月

---

(21) 張元濟：〈致梁啟超〉，《張元濟書札》，下冊，頁1023。
(22) 張元濟：〈梁令嫻女士寄示林權助景印任公避難時遺墨〉，《張元
　　濟詩文》頁78。

撰寫一文，登載於《政法雜誌》，「擬乞大文一、二首，冠之
簡端，以增光彩」。在梁氏逐漸由政治活動轉移到學術研究
後，陸續由商務為他出版了《大乘起信論考證》、《清代學術
概論》、《先秦政治思想史》等著作，其稿酬亦較他人優渥。
㉓一九二九年梁啟超病逝北京，張元濟嘆道：

> 鈞黨已逾半世紀，回思往事盡滄桑。故人長別今何在？吟
> 罷小詩思感傷。
> 先帝人師俱往矣，河濱舊友亦大亡。模胡半軸傷心語，讀
> 罷淋浪淚數行。㉔

眼見戊戌故人已大半凋零，心中實不勝唏噓！

五、赴日訪書

「求之坊肆，丐之藏家，近走兩京，遠馳域外，每有所
覯，輒影存之。」㉕這幾句話，是張元濟先生總結自己集成
《百衲本二十四史》的心聲，也是多年蒐訪古籍的最佳寫照。
其中「遠馳域外」語，即是指第三次赴日訪書之行。

一九二八年十月十五日，張元濟以中華學藝社㉖名譽社員

㉓「千字二十元乞勿為人道及。播揚於外，人人援例要求，甚難應
　付。」文見張元濟：〈致梁啟超〉，《張元濟書札》，下冊，頁
　1030。
㉔ 同註㉒。
㉕ 張元濟：〈影印百衲本二十四史序〉，《張元濟詩文》，頁270。

名義，與鄭貞文㉗、陳文祥、張資平等人同行，出席日本學術
協會第四屆大會，並進行為期一個半月的訪問。當時中華學藝
社東京分社幹事馬宗榮㉘在東京帝國大學研究圖書館學，知道
日本各公私圖書館藏有許多中國善本圖書，值得影印利用。而
商務印書館此時正值《四部叢刊》初編重刊，經取得聯繫後，
早在啟程之前，便各自利用近半年時間準備：馬宗榮負責與日
本各圖書館聯繫，訂立合約，張氏從日本圖書館館藏目錄與藏
書家書目中，就經、史、子、集四部，選出若干書目，準備利
用這個機會，廣求日本所藏海內孤本，以補初編之不足，鄭貞
文則專看中國古代文藝、小說。

十月十七日船抵長崎，遂至廣島。距上次造訪此地，轉眼
又逾十餘年，張元濟用詩表達了自己的心境：

> 二十三年溯陳跡，劉郎前度又重來。深宵一夕傷心語，故
> 國迢遙首屢回。㉙

抵達東京後，即在馬宗榮的陪同下，造訪東京、京都等地各公

㉖ 留日學生所組織的學術團體，曾出版《學藝雜誌》、《學藝論文集》。

㉗ 鄭貞文，字心南，福建人，曾任職商務編譯所理化部。

㉘ 馬宗榮（1896-？），字繼華，貴州貴陽人。曾留學日本，並加入中華學藝社，曾任暨南大學教師。

㉙ 張元濟：〈戊辰暮秋與心南同游日本，至嚴島，宿宮島旅館，步入肆中購得此杓，云可郵寄。心南索詩如左〉，《張元濟詩文》，頁31。

私圖書館,閱覽書籍。前後共參訪了:靜嘉堂文庫㉚、宮內省圖書寮、內閣文庫、東洋文庫㉛、帝國大學圖書館及東京前田氏、德富氏、內野氏與京都富岡氏藏書、東福寺藏書等地所藏豐富的中國舊籍,並與日本漢學家內藤湖南、長澤規矩也、諸橋轍次、鹽谷溫、狩野直喜等人數度唔談。在東京期間,也曾與鄭貞文同訪郭沫若,「獲瞻豐采,暢聆教益,甚慰飢渴」㉜,建立了良好的交情。訪書期間,日方對張元濟提供了很大的方便,如圖書寮是皇家圖書館,位於皇居內部,不允許外人進入,張元濟被特許入內。宮內省大臣更專奏昭和天皇,三天內不要來圖書寮觀書,以便張元濟自由出入。

而用了十天時間參觀的靜嘉堂文庫,更是訪書行程的重心。靜嘉堂收藏漢籍約九千餘部,近十萬冊,其中的鎮庫之寶,就是吳興陸心源皕宋樓藏書。自光緒二十年(1894)陸心源去世後,張元濟就特別關心陸氏藏書的去向。因為陸氏藏書多為宋元舊槧、名抄精校,有許多為先生從未寓目者,兩次造訪湖州陸氏舊宅,欲一飽眼福,都遭到陸家的托詞拒絕。光緒三十年(1904),日人島田翰來華,欲以重金收購陸氏全部藏書,由於陸氏後人陸樹藩索價過昂,終未成交。張先生聞訊,願出八萬圓由涵芬樓收購,但陸樹藩卻要求十萬圓,因一時籌措不及,暫從緩議。張先生託人勸告陸樹藩,切勿售與日本人。待商務湊足十萬圓,陸氏卻已經以十一萬八千圓代價,售

㉚ 靜嘉堂文庫網址為http://www.mitsubishi.or.jp/jp/group/seikado。
㉛ 東洋文庫網址為http://www.toyo-bunko.or.jp。
㉜ 張元濟:〈致郭沫若〉,《張元濟書札》,下冊,頁927。

與日本岩崎彌之助男爵。

張氏於回國後曾作有長詩〈戊辰暮秋至日本東京觀靜嘉堂藏書〉一首，詳實記錄了這次赴日訪書始末，其中於靜嘉堂文庫著墨最多。他首先用感傷的筆調敘述這段皕宋樓藏書外流經過：

> 帶經宜稼盡銷歇，層樓皕宋瞻天高。
>
> 守先豈無克家子，世事滄桑非得已。
>
> 遺書珍重方鑿楹，韞玉求沽旋入市。
>
> 故人聞訊喜開顏，愚公有志思移山。
>
> 祖生一鞭先我著，海濤東去不復還。㉝

從此與常熟瞿氏鐵琴銅劍樓、聊城楊氏海源閣、杭州丁氏八千卷樓並稱海內四大藏書樓的皕宋樓藏書，連同陸氏十萬卷樓、守先閣舊藏，終在光緒三十三年（1907）全數舶載東去，歸入靜嘉堂文庫，再無返回中土之日。島田翰在〈皕宋樓藏書源流考〉中談到了這次購書：「昔遵義黎蒓齋駐節我邦，與宜都楊君惺吾購求古本，一時為之都市一空。數窮必復，陸氏之書，雖缺其四庫附本、道藏及明季野乘，不無遺憾，而予知今之所獲，倍蓰於昔日所失也。然則此舉也，雖曰於國有光可矣！」島田氏將此舉目為「於國有光」，得意之情，溢於言表。

靜嘉堂文庫座落於東京世田谷區近多摩川的一處台地上，

㉝ 張元濟：〈戊辰暮秋至日本東京觀靜嘉堂藏書〉，《張元濟詩文》，頁8。

靜嘉堂文庫前景

紅牆綠瓦，仿英國式古典建築，四周林木環抱，環境清幽靜謐。在岩崎財團（今三菱財團）岩崎彌之助、岩崎小彌太父子二代不惜鉅資，陸續購進藏書、擴充建築設施之下，靜嘉堂成為東京、甚至日本首屈一指的文庫：

> 靜嘉主人長袖舞，耽玩經史爭快睹。
> 揮斥黃金無吝容，萬卷歸來坿天府。
> 東京學術之中樞，蘭臺延閣無處無。
> 主人意是猶未慊，更闢文庫餉師儒。㉞

如今張元濟於多年之後遠渡重洋，在異邦終能得償宿願。他欣

㉞ 同前註。

然愉悅地與日本學人長澤規矩也共赴靜嘉堂文庫：

> 我聞此舉深太息，廿年宿願償未得。
> 破萬里浪乘長風，好探珍秘開茅塞。
> 有客示好惠周行，導我急登讀書堂。㉟

在當時文庫長諸橋轍次的接待下，首先瞻仰了文庫旁岩崎男爵的銅像與墓地：

> 指公遺像陳堂前，恨我遲來艱覿面。
> 墓門佳氣郁蔥蔥，百城長傍泉臺宮。
> 生前愛玩不忍釋，英靈呵護長無窮。㊱

在日方的協助下，得見皕宋樓舊藏宋刊《詩集傳》、眉山刊本《陳書》、元刊《金華黃先生文集》、明刊《飲膳正要》，以及十萬卷樓藏、守先閣藏等各種善本秘籍，他在長詩中表達了這種充實而愉快的滿足感㊲：

> 令子象賢稱主器，大啟堂構繼先志。
> 金匱石室嚴弆藏，精槧名抄廣羅致。
> 我來海外交有神，特許巡覽娛遠賓。

㉟ 同註㉝。
㊱ 同註㉝。
㊲ 同註㉝。

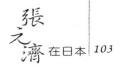

執事靖共駿奔走，相助檢索逾兼旬。

好書不厭百回讀，快事生平誇眼福。

既入寶山寧空回，得隴何嫌更望蜀。㊳

再由靜嘉堂文庫觀書期間，其與日本學者相贈答的賦詩來觀察，雖然張元濟於欣喜中帶有幾許惋惜，但他更深切體會到保存古籍的重要。如〈贈內野皎亭〉詩表達了自己得見奇書的幸運：

碧格翠竹幽人宅，愧我門停問字車。百宋千元今有幾，眼明真幸見奇書。㊳

〈贈靜嘉堂飯田君〉詩則希望藉東土所存，作好對典籍校勘的工作：

十載辛勤待石渠，早辭朝籍賦歸歟。重燃天祿青藜火，遍校人間未見書。㊵

在〈贈靜嘉堂藤田昆一君〉詩中，則感嘆自己雖致力徵集，卻無力阻止典籍流落異邦：

我是書叢老蠹魚，駱駝橋畔自欷歔。羨君食盡神仙字，守

㊳ 同註㉝。

㊳ 張元濟：〈贈內野皎亭〉，《張元濟詩文》，頁32。

㊵ 張元濟：〈贈靜嘉堂飯田君〉，《張元濟詩文》，頁32。

靜舍嘉愧不如。㊶

而徵集張氏先祖著作，在此次訪書活動中也獲得成果。始祖張九成著作於《宋史・藝文志》、《郡齋讀書志》著錄凡二十二種，惟多數但存書名，文字已不傳，國內僅存有《孟子解》殘本二十九卷。張元濟讀日人澀江氏《經籍訪古志》，知普門院藏有《中庸說》六卷，此次於京都晤內藤湖南，始知普門院即在京都東福寺中，連忙商請借照，歸國景印留存。長詩中也敍述了這段彌足珍貴的訪書過程：

> 寒家世澤傳清河，橫浦遺集今不磨。
> 等身著作雲煙散，什無一二堪搜羅。
> 宦游所至亟訪古，數典自慚竟忘祖。
> 忽聞員嶠方壺間，乃有陳編在東土。㊷

除此之外，他也樂觀地認為，先祖其他著作如：《尚書詳說》、《大學說》、《論語解》、《孝經解》、《孟子解拾遺》、《標注國語類編》等書，或尚有存於此邦者，日本學者均許代為多加探訪，意甚可感。

張元濟於赴日訪書的一個多月時間裏，皆依事前之規劃，按圖索驥，每到一處，都情商藏書家允許，將書籍按頁攝成小

㊶ 張元濟：〈贈靜嘉堂藤田昆一君〉，《張元濟詩文》，頁32。
㊷ 同註㉝，頁9。

底片，帶回上海影印出版。根據同行友人鄭貞文的回憶，先生「除星期日外，每日不息地閱選古書」，且「每晚必作筆記至於深夜」，每天都聚精會神地閱覽國內罕傳的宋、元舊槧，毫無倦容。這本日本訪書所記的「觀書小冊」，日後也曾借與傅增湘作為赴日訪書嚮導，可惜今已不存。在日停留期間未能攝影完畢者，復由馬宗榮在日本續主其事。在日本漢學家多方奔走以及各方努力下，借照書籍的底片陸續寄返國內，經費亦不斷隨之追加。

由今存張元濟與馬宗榮往來書信，可看出當日辛勤的情況：致馬宗榮書札第二通寫於一九二八年十二月十四日，內容提到返抵上海後，雖公私冗積繁忙，但仍留心借照之事：「弟等於本月一日在長崎登舟，翌日午後抵滬。公私冗積，忙不可言，致各處擬借影之書此時尚未能決定，……靜嘉堂書未知已否開照？中有補照《金華黃先生文集》十二卷，需用甚急，能急著手先照，尤為禱感。」[43]

第三通寫於十五日，由於借照《冊府元龜》、《太平御覽》兩書卷帙頗多，深恐靜嘉堂文庫長諸橋轍次不悅：「《冊府元龜》、《太平御覽》兩書卷帙甚多，約共得一萬二千七百頁。如欲借照，不知諸橋先生以為我過於貪多、過於久長，有所煩厭否？祈便中探聽，如覺不宜，則只借《冊府元龜》一種，而以《太平御覽》一種改向圖書寮乞借。」[44]

---

[43] 張元濟：〈致馬宗榮〉，《張元濟書札》，上冊，頁192。
[44] 同前註，頁193。

　　第四通寫於一九二九年一月十一日，籲馬宗榮留意交際禮儀，勿造成日方不便：「接誦來示，始知諸橋先生將館長室借與我處照書，聞之甚為不安。昨與心南兄談及，日本建築臨時板屋甚為簡易，價亦不昂。計算我處在靜嘉堂借照之書，需時不少，……即請與諸橋先生商借文庫左右曠地，臨時搭蓋，用為照書之室，免致久佔館長所用之室，似於交際禮意上應當如此。」⑮

　　第六通寫於二月五日，張氏對馬宗榮再三叮囑，務必要借影到宮內省圖書寮藏《三國志》：「圖書寮、內閣文庫兩處借書如此繁難，然看來不致無望。此事全賴吾兄大力，岡部既肯為力，或者更能順利。圖書寮所借之書最要者為宋本《三國志》，此書務求設法借到，千萬千萬！」⑯

　　此次赴日訪書的成果十分豐富，所借照日本各地珍藏宋、元舊槧，略計有：

　　㈠靜嘉堂文庫藏：宋刊《說文解字》三十卷、宋嘉祐本《新唐書》、宋蜀大字本《陳書》三十六卷、元刊《金華黃先生文集》三十卷、宋刊《詩集傳》二十卷、景宋鈔《群經音辨》七卷、明刊《飲膳正要》三卷等。

　　㈡宮內省圖書寮藏：宋刊《論語注疏》二十卷、覆宋刊《尚書正義》二十卷、宋紹熙本《三國志》、元刊《山谷外集詩注》十四卷等。

　　㈢內閣文庫藏：宋刊《東坡集》、宋刊《東萊先生詩集》

---

⑮ 同註⑬，頁195。
⑯ 同註⑬，頁198。

二十卷、宋刊《平齋文集》三十二卷、宋刊《梅亭先生四六標準》四十卷等。

　　㈣東洋文庫藏：宋紹興本《樂善錄》。

　　㈤其他藏家：正宗寺藏舊鈔卷子《春秋正義》三十六卷、東福寺藏宋刻《中庸說》六卷、福井氏崇蘭館藏宋刊《搜神祕覽》三卷等。

其後各書分別收入《四部叢刊》續編、三編、《百衲本二十四史》、《續古逸叢書》之中，陸續景印出版。

　　至於二部卷帙浩繁類書的輯補工作則頗曠時費日，《太平御覽》用圖書寮、東福寺藏宋蜀本、靜嘉堂藏宋建本並日本活字本補足；《冊府元龜》用北京大學圖書館、美國國會圖書館、靜嘉堂藏南宋蜀本配補，又逢對日抗戰爆發，其事遽告停頓。直到張元濟過世後，宋本《冊府元龜》之出版，始由中華書局克竣其事。

　　「禮失求諸野」，張元濟此次赴日雖以訪書為主，但在與日本學術界良好的互動下，更可將此行視為一次成功的中日文化交流。他在長詩最末寫道：

> 回首鄉關尚烽火，禮失求野計未左。
> 國聞家乘亡復存，感此嘉惠非瑣瑣。
> 嗚呼！
> 世界學說趨鼎新，天意寧忍喪斯文。
> 遺經在抱匹夫責，焚坑奚畏無道秦。
> 當世同文僅兄弟，區區鬩牆只細事。

安得爾我比戶陳詩書，銷盡大地干戈不祥氣。⑰

　　儘管日本軍國主義者，仍未放棄自清季以後對中國的種種覬
覦，但張氏仍對二國兄弟之邦，藉由文化而重歸友好，寄予相
當大的期望。

六、結語

　　縱觀張元濟先生三次日本行，除了瀏覽名勝古蹟外，也留
心教育圖書館事業及印刷出版事宜。而其最大收穫則是在探訪
古籍，他承襲了楊守敬、董康等人，自清末民初以來約五十年
間，致力於東洋外邦徵集善本古籍的精神，使得在中土亡佚或
殘存的古籍得以重生。今日《四部叢刊》續編、三編、《百衲
本二十四史》、《續古逸叢書》所用日本藏善本，都受到各界
學者重視、肯定。

　　其影響所及，他的好友大藏書家傅增湘，「知滄瀛咫尺，
古籍多存，目想神遊，卅年於茲矣」。於一九二九年就任故宮
博物院圖書館長後，即以張氏日本訪書所記「觀書小冊」所載
為嚮導，至日本作了一次訪書暢遊，與張氏同樣先後觀閱了宮
內省圖書寮、內閣文庫、東洋文庫、靜嘉堂文庫等藏書。回國
後撰成《藏園東遊別錄》四卷，詳細考證所見古寫本及宋元善
本的版本、作者，其後收入《藏園群書經眼錄》。

---

⑰ 同註⑫。

張元濟圖書館

　　為了紀念張元濟這位鄉賢暨文化名人，經中共海鹽縣委與海鹽縣人民政府決議，一九八七年五月八日，佔地十二畝、仿江南式古典建築的張元濟圖書館⑱，在武原鎮文昌東路正式落成，設有外借部、閱覽部、採編少兒部與行政綜合部，機能完整。這座紀念圖書館，是研究張元濟學術思想與商務印書館發展史的重要據點：館中設立了「張元濟先生紀念室」，整理、陳列及保存張氏的著作、手稿和相關論著，供學者研究之用。另有「商務印書館版本閱覽室」，保存與陳列商務印書館近百年來的出版物，由北京、臺灣、香港等分館陸續提供，現有六

---

⑱「張元濟圖書館」，網址為http://www.zyjlib.com 。

千餘種、一萬餘冊。

　　最後，願以劉兆佑先生在《認識古籍版刻與藏書家》一書中，所稱讚張元濟的一段話，作為本文的結束：「在古今眾多藏書家裡，除了致力收藏、保存文獻外，並能以廣大的胸襟，包容古今、中西文化，實際以文化事業，從事政治革新的，張元濟無疑是其中最傑出的一位。」⑭

參考書目

張元濟詩文　北京　商務印書館　1986 年 10 月

張元濟書札（增訂本）　張樹年、張人鳳編　北京　商務印書館　1997 年 12 月

張元濟年譜　張樹年主編　北京　商務印書館　1991 年 12 月

一代名人張元濟　王英編著　濟南　濟南出版社　1992 年 4 月

仁智的山水：張元濟傳　吳方著　上海　上海文藝出版社　1994 年 12 月

張菊生先生年譜　張樹年、張人鳳主編　臺北　臺灣商務印書館　1995 年 5 月

近代出版家張元濟（增訂本）　王紹曾著　北京　商務印書館　1995 年 8 月

智民之師：張元濟　張人鳳著　濟南　山東畫報出版社　1998 年 10 月

⑭ 劉兆佑：〈以文化報國的張元濟〉，《認識古籍版刻與藏書家》（臺北：臺灣書店，1997 年 6 月），頁317。

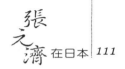

張元濟：書卷人生　周武著　上海　上海教育出版社　1999
年5月

相關文獻

張人鳳　　張元濟辭商務印書館監理的前前後後
　　　　　出版史料　1988年第3、4期　頁122-123　1988
　　　　　年9月
胡道靜　　從黃蕘翁到張菊老──述一百五十年來版本學的縱
　　　　　深進程
　　　　　出版史料　1988年第1期　頁41-44　1988年3月
劉光裕　　論張元濟的編輯活動──兼談在文化史上的影響
　　　　　出版史料　1988年第1期　頁45-52　1988年3月
柳和城　　張元濟與《日本法規大全》
　　　　　出版史料　1988年第3、4期　頁85-86　1988年
　　　　　9月
仲玉英　　試評張元濟主編的《最新修身教科書》
　　　　　出版史料　1990年第1期　頁34-38　1990年3月
陳東輝　　張元濟與中日文化交流
　　　　　近代史研究　1994年第2期　頁163-173　1994年
　　　　　3月
傅金柱　　遺經在抱匹夫責──張元濟東瀛訪書記
　　　　　圖書館論壇　2002年第4期　頁119轉頁101
　　　　　2002年8月

郁達夫在日本

范佳玲 *

一、大船啟航

　　十月初昇的太陽把海面照得波光粼粼，大船漸漸地駛離黃浦港，目的指向東北方的島國——日本。站在船尾，西望著一點一滴消逝的陸地，郁達夫絲毫感受不到任何去國離鄉的哀傷，相反的卻有一種掙脫牢籠的愉悅。

　　他用力的呼吸著自由空氣，傍晚倚著船樓欣賞大海西沈的落日，夜裏起身到甲板看滿天的星斗，海天一色的開闊，與鷗鳥相伴的情趣，讓他感到十分的愉悅。他喜歡大海，喜歡登高遠望，喜歡這種遺世而處、自由開放的情境。不僅因為愛好大自然是他的天性，更因他已經在家鄉蟄伏了許久，此時海上的空氣讓他感到分外的舒暢。

二、追因溯源

　　郁達夫出生於一八九六年十二月七日富陽城的書香世家。

* 范佳玲，臺灣師範大學國文學系博士生。

他出世時，家境已經落魄。郁達夫在家排行第四，上面尚有二個兄長和一個姊姊，姊姊因家貧從小就過繼給人當童養媳。父親在他兩歲時過世，從此家中經濟更顯困窘，幾乎可以說是一貧如洗。鄰居親戚欺負他們母老子弱，將幾畝薄田都霸佔了。全家的經濟重擔全由母親一人獨撐，一家人的生活

郁達夫 像

倍顯艱辛。從小郁達夫就在飢餓的恐怖中渡過，再加上兩個兄長與他的年齡差距極大，孤單的郁達夫，養成了憂鬱寡歡的性格。雖然家裏的經濟相當拮据，但是母親還是堅持讓三個小孩受教育。在郁達夫六歲那年，母親請先生到家裏教他識字，八歲時進入家鄉的私塾學校，跟從姓羅的老師接受啟蒙教育。

　　讀完五年的私塾後，郁達夫便進入富陽縣立高等小學堂就讀。在這裏，他所接受的是西方文化的新式教育。學校的課程除了英語之外，還包括了許多近代的科學知識。從私塾而來的郁達夫，對於小學堂的一切都充滿了好奇。他當時的感受是：「由書塾而到書堂，這一個轉變，在當時的我的心裏，比從天上飛到地上，還要來得大而且奇。」①在學堂裏，雖然郁達夫

---

① 郁達夫：《郁達夫自傳》（南京：江蘇文藝出版社，1996 年 7月），頁13。

的年齡最小，但是他的成績卻非常的優異。在讀完一年後，他即因平均分數超過八十分，被堂長和知縣提拔，直接跳級，進入了高兩年的班級。雖然郁達夫對於課業都能應付自如，但是與同年級學生的年齡差距，卻使他感到分外的孤單。

三年後，一九一一年一月郁達夫自高等小學堂畢業。不久，他懷抱著無限的希望和憧憬，離開了富陽，前往杭州應試。雖然在杭州府中，浙江省立杭府中學是最難考進的學校，但是郁達夫考起來卻絲毫不費力，很順利的便考取了。然而，到要繳學膳費用時，郁達夫卻發現身上所剩的錢已經不夠，再加上杭府中學沒有宿舍，將來生活又是一大問題。因此，他便和幾個同學結伴前往嘉興，報考學費較便宜的嘉興中學。之後他便進入嘉興中學就讀。

在言語風俗完全不同的嘉興府中，郁達夫對於家鄉倍感思念，也不知偷偷地流過多少眼淚。在悲哀中，不善與人交際的郁達夫，終日沈浸在讀書與寫作裏，這使得他在半年中，不僅學業長進不少，人也成熟許多。由於對嘉興中學生活的不適應，再加上路途實在太遙遠，因此在第二學期時，他又重新轉入杭州府中學。

但是，出乎意料之外的，進入杭州府中學的郁達夫，在精神上反而覺得更加地孤寂。「杭州」畢竟是一個省會，杭州中學的學生大半來自於官宦人家的子弟。他們大都衣飾美好，細皮嫩肉，舉止溫文儒雅；有的甚至故意裝腔作勢，賣弄富有。來自清寒之家的郁達夫，自然顯得與他們格格不入。郁達夫本身是一個轉學生，個性又極為孤僻，這使得他到杭州中學不久

後，就被取了一個「怪物」的綽號。隨著這個綽號的流傳，郁達夫與同學之間的距離也越來越遠，著實的成為了一個孤獨的游離分子。

由於和同學之間的隔閡，郁達夫一頭栽進書堆裏。這段期間，他閱讀了大量的中國古典文學名著。在這些書籍的薰陶之下，郁達夫開始投入舊體詩的創作，並且嘗試著向報社投稿。隨著被錄用次數的增多，信心也跟著增加。雖然他日後自謙的稱說：「我當時所做的許多狗屁不通的詩句。」②然而這時的鍛鍊，卻為他以後的文學創作奠定了基礎。

就在郁達夫就讀杭州府中學第一年的秋天，爆發了辛亥革命，學校被迫停課，郁達夫只好回家自修。到了翌年春天，他又來到杭州，但是學校仍未復課，他只好再回到家鄉。

同年九月，郁達夫為了補強英文，以應付未來的大學入學考試，他離開了正規的中學學校，轉入美國長老教會所辦的之江大學預科就讀。然而，一進去之後，郁達夫的失望，卻比在省立中學裏讀死書還要大。因為學校硬性規定每個學生都要信教。在學校生活裏，時時都必須禱告：吃飯禱告、上課禱告、睡前禱告，就是在星期天也上教堂禱告。這點讓郁達夫感到非常的受不了，他稱這種生活為「磕頭蟲」的學校生活。教會學校的嚴格氣息，幾乎讓他無法呼吸。

不久，學校發生罷課運動，原因在於：反對校長偏袒毆打學生的廚子。在校方的強硬態度下，學生逐漸趨於軟弱。事情

---

② 同前註，頁29。

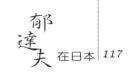

落幕後，幾個積極參與學潮的學生，被學校給予了最嚴厲的退學處分，而郁達夫正是其中之一。

　　就在這群被退學的學生走投無路之際，城裏的另一所教會學校——蕙蘭中學的校長，以極優越的條件，歡迎這些被退學的學生入學。因此，郁達夫便成為了蕙蘭中學的學生。雖然這裏的校長為人很好，但是教務長卻讓他印象極為惡劣。他感受到校園裏不正常的空氣，學生滿腹牢騷，經常的抱怨，但終究也是無可奈何。

　　當時郁達夫對學校教育已經感到徹底的絕望，在放寒假之前，他就打算回家「從心所欲的自修工夫」。③在考完試後，他便跟著挑行李的腳夫，連夜搭船回家了。「回家」對於郁達夫而言，是一種喜悅，一種充滿著希望的喜悅；因為從今以後，他要憑自己的力量去努力，去創造遠大的前程。

　　在家鄉離群索居、獨學的生活開始了。雖然他是抱持著滿滿的自信回家，但是，隨著親戚朋友一次次的非難與訕笑，他的信心也開始跟著動搖起來，希望也跟著一點一滴的消逝了。然而這將近兩年的自學生涯，卻也是他收穫最多，對未來影響最深遠的一個預備時期。在這段期間，他除了唸書之外，對於社會的現況、周遭的生活也作了深刻的觀察。農民的貧窮與無智、政府的專制與昏庸、局勢的不安與混亂……，這一切無不讓郁達夫感到憂心，同時也在他心底種下社會改革的種子。

　　一九一三年秋天，在北京任職的郁曼陀接獲到日本考察司

③ 同前註，頁33。

法制度的任命。郁曼陀認為郁達夫老是在家鄉蟄伏也不是辦法，於是決定帶他一同前往日本。郁曼陀的這次任命，附帶的決定了郁達夫往後的修學之路。其實就算沒有兄長帶他出去，郁達夫也會自己到外邊尋找出路，因為在家鄉已悶過了兩個夏天，他實在也忍耐不住了。

而此時，郁達夫正享受著海上自由開闊的空氣……隱約的，他看到了日本島。

三、苦讀應考

船到達了長崎港口，在長崎島上，郁達夫感受到了日本西部山青水碧之美，同時也第一次見到了日本文化——日本的習俗與民風。這是郁達夫到日本最初踏上的土地，這裏如同處女地似的清麗，讓他留下了極美好的印象。此後，每次經過長崎，郁達夫就有一種彷彿和初戀情人見面的心情，心裏總是非常的雀躍。

在長崎停留半天後，船走到了風景如畫，明媚到無以復加的瀨戶內海。兩岸的山光水色，讓十八歲的郁達夫沈浸在這徐福遠走蓬萊仙島的浪漫情懷中。初見日本的郁達夫，心情是柔軟的、愉悅的。

一路由神戶到大阪，經京都到名古屋，最後郁達夫和兄長在東京小石區租屋住下。由於環境的改變、語言的不通，加上經濟的不獨立，以及兄嫂的管教，初到東京的前兩、三個月裏，郁達夫感覺猶如身陷監獄般的痛苦。到了此時，他方才感

受到離鄉背井的悲痛。

　　為了解決生活上的困境，日語的精熟與經濟的獨立成為了郁達夫唯一的出路。在當時，中國的留學生只要考進日本國立五校④，就可以享有國家公費，按月支領衣食零用。因此，郁達夫毅然決定投入官費留學生的考試。就這樣，在當年的十一月，郁達夫白天在神田的正則預備班學習中學課程，晚上則進夜校補習日文，開始了他苦讀的生活。

　　對於考試的準備，郁達夫相當的投入。每天早晨五點鐘便起床，到附近神社的草地裏高聲朗誦基礎日文的課文；一直持續到八點，再嚼著麵包，走三里多的路程到正則預備班補習。晚上三小時的夜校課程結束後，又唸書到十一點才就寢。在第二年夏天考期將近時，他更是全力以赴，經常徹夜未眠。

　　這段期間，郁達夫的生活頗為清苦。每天僅以兩角大洋解決午餐與晚餐。而日日步行的結果，一雙皮鞋也開了口。時序漸入冬天，他在上海所做的夾呢學生裝早已不敷所用，即便是穿著也如同裸身一樣寒冷。所幸一位在日本的同鄉給了他一件陸軍制服，使他得以度過寒冬。然而，北國的嚴寒與日夜的苦讀，卻也使得他的呼吸器官種下了難以根治的病根。

　　半年來的辛苦與努力，總算沒有白費。一九一四年的夏天，郁達夫終於如願的考進東京第一等學校。而在秋天臨入學

---

④ 五校為：東京第一高等學校、東京高等師範學校、東京高等工業學校、千葉醫學專門學校、山口高等商業學校。參見郭沫若：〈論郁達夫〉，收入陳子善、王自立編《回憶郁達夫》（長沙：湖南文藝出版社，1986年12月），頁1。

之際，兄長郁曼陀為期一年的考察也將結束，準備回國覆命。
因此，郁達夫遷出了兄長的家裏，住到學校附近的旅社。在兄
長歸國後，郁達夫領到了第一次的官費。雖然在此刻，他已取
得經濟上的獨立，但同時，他也深深感受到一個人隻身在島國
的孤寂與淒涼。他在自傳中深切的感慨到：「從此野馬韁馳，
風箏線斷，一生中潦倒飄浮，變成了一只沒有舵楫的孤舟。」⑤

四、獲取公費

郁達夫進入東京第一高等學校的預科就讀第一部，主修文
哲、經濟和法政。後來郁曼陀來信，以為第三部的醫科較第一
部的文科有前途，要他改選。他只好聽從兄長的建議改念第三
科。雖然如此，郁達夫仍對文學表現出極大的興趣。在沈重的
功課壓力下，他不僅經常寫作舊體詩，並且開始接觸西方文
學。其中他對於小說特別感興趣。閱讀了俄國屠格涅夫的英譯
小說《初戀》、《春潮》等書。

郁達夫所就讀的預科班，畢業時共計有畢業生三二〇人，
其中中國留學生有四十八人，郭沫若、張資平等人均在其中。
郁達夫就是在當時結識這些熱愛文學的同好，這些同學，即是
後來創造社的基本成員，可以說創造社的創社基礎，最初就是
建立於此時。⑥

---

⑤ 同註⑴，頁42。
⑥ 劉炎生：《郁達夫傳》（南昌：百花洲文藝出版社，1996年12
月），頁28。

五、精神苦悶

郁達夫到日本的前兩年，在學習上有很大的進展，異國的文化生活也帶給他極大的刺激與新鮮感。但是身處異鄉的他，精神上卻分外地苦悶。

面對明治維新後，處處展現出新氣象的日本，反觀己國文化的落後與爭權奪利的凌亂，對於極具國家意識的郁達夫而言，無疑的是一種極大的威脅。⑦然而刺激更深的是因祖國的貧弱，而遭到日本人的種種歧視與侮辱。

自從甲午戰爭後，日本一再的侵略中國，一九一五年五月更是以下最後通牒的方式，要求袁世凱接受「二十一條」。隨著對中國戰事的節節勝利，日本人自我意識一天天的膨脹，對於中國人也越來越輕視。不僅留日的學生常受到日本政府的歧視待遇，甚至走在路上也有日本小孩在後面嘲罵「豚尾奴」（拖著豬尾巴的禿子）。⑧對於日人的歧視，郁達夫有著深切的感受：「有智識的中上流日本國民，對中國留學生，原也十分的籠絡；但笑裏藏刀，深感著『不及錯覺』的我們這些神經過敏的青年，胸懷哪裏能夠坦白到像現在當局的那些政治家一

---

⑦「威脅」是郁達夫自己所用的形容詞。他在自傳中說：「新興國家的氣象，原屬雄偉，新興國民的舉止，原屬豁蕩，但對於奄奄一息的我們這東方古國的居留民，尤其是暴露己國文化落伍的中國留學生，卻終於是一種絕大的威脅。」同註①，頁44。

⑧ 王曉秋：《近代中日文化交流史》（北京：中華書局，1992年9月），頁341。

樣；至於無智識的中下流——這一流當然是國民中的最大多
數——大和民種，則老實不客氣，在態度上、言語上、舉動
上處處都直叫出來在說：『你們這些劣等民族，亡國賤種，到
我們這管理你們的大日本帝國來做什麼？』簡直是最有成績的
對於中國人便了解國家觀念的高等教師。」⑨「這些無邪的少
女，⋯⋯一聽到了弱國的支那兩字，哪裏還能夠維持她們的常
態，保留她們的人對人的好感呢？支那或支那人的這一個名
詞，在東領的日本民族，尤其是妙年少女的口裏被說出的時
候，聽取者的腦裏心裏，會起怎麼樣的一種被侮辱，絕望，悲
憤，隱痛的混合作用。」⑩在預科學校的一年裏，郁達夫對於
身為「支那人」所受的強烈刺激，不知有多少次。當他畢業要
離開時，對於東京充滿了怨恨與詛咒，他甚至發誓不願再來第
二次。

但是即便他後來離開東京，到排華情況較不嚴重的名古
屋，還是遭受到不少的屈辱。郁達夫的日本同學就曾回憶到：

一次，我和郁達夫兩人走進本鄉三段拐角上的一家咖啡
館，要了些甚麼飲料。⋯⋯就見緊旁邊一張桌上，一伙年
輕人有七八個，裏面還有穿大學生制服的，正在很大帶勁
地大聲議論甚麼，於是其中一個斜過眼睛瞪著郁達夫的
臉，吐了一聲『趴兒狗！』其他的一幫人也冷冷地盯著郁
達夫的臉。這顯然是充滿侮蔑的態度，我一看坐在我前面

⑨ 同註(1)，頁44。
⑩ 同註(1)，頁46。

的郁達夫，他瞪著眼，盯住杯中的飲料，像是沒有聽見的
樣子。但臉上卻流露出了悲哀的神情，面色也有點蒼白
了。我抑制自己的憤怒，正想對那個無禮之極的傢伙說，
要他注意點。只見郁達夫早已站起身來抓起帽子，平靜地
向門口走去。⑪

　　郁達夫的沈默不語，除了個性的內斂外，司空見慣也是原
因之一吧！
　　在日本，郁達夫看到了近代科學的偉大與精深，但同時他
也認清了中國在世界競爭中所處的地位——日本人的狂傲自
大，與中國黎民百姓所將遭受到的不可避免的劫難。

六、轉讀法律

　　一九一五年七月，郁達夫自東京第一高等學校預科畢業，
九月進入名古屋第八高等學校第三部的醫科就讀。
　　當時正處世代交替之際，中國政局非常的混亂。一九一二
年一月中華民國宣布成立，同年二月溥儀宣告退位，由袁世凱
繼孫中山就任大總統，此時情勢稍趨和緩。但在一九一五年十
二月袁世凱不忌大諱，又悍然宣佈恢復舊有帝制。舉國譁然，
在一片討袁聲中，全國又陷入軍閥割據的混戰中。除了內戰不
斷外，積弱不振的中國，更成為帝國主義者覬覦的目標。在列

---

⑪ 富長碟知：〈回憶郁達夫〉，收入小田岳夫等撰、李平等譯《郁達
　夫傳記兩種》，附錄一，頁263。

強環伺下，中國國勢已如風雨中的殘燭搖搖欲墜。

身在海外的郁達夫，對於弱國國民在國際地位所受的歧視與屈辱，有著沈痛的體會。因此，對於中國的政局、中國的命運，他都相當的關心。從當時他寫給兄長的家書中，就可以看出對於祖國的一切，他無不牽掛著：「國事日非，每夜靜燈青，風凄月白時，弟輒展中國地圖，作如此江山竟授人之嘆。」（1916 年 8 月 24 日）「中國政局如何？中日又有交涉，不識亦能和平了結否？」（9 月 4 日）「國事弟意當由根本問題著想。欲整理頹政，非改革社會不可。」（10 月 10 日）⑫看著日本因明治維新而強盛，看著頹廢的中國，極具愛國熱誠的郁達夫，對於中國社會有一股強烈的改革欲望。在一九一六年九月，他毅然放棄原本所學的醫學，從第三部醫科轉到第一部丙科的法學部。他這一決定需具備極大的決心與毅力，因為這表示他必須從頭學起。為此，他在第八高等學校就讀的時間，就必須延長一年，由三年變成四年。從郁達夫的轉科事件，可以看出，他並非是個獨善其身的頹廢者，而是一個相當具有愛國情操的精進者。

七、高校生活

在高校四年裏，郁達夫不論是在學習或人際關係上，都有著不錯的表現。

---

⑫ 同註(6)，頁33。

　　當時第八高校極重外語，學生不僅要修本國語，還需修習英文和德文。而郁達夫在語言方面有著超群的學習能力。雖然他在日本只是第三年，但是他的日語已經相當的流利了，不管聽說讀寫都沒有滯礙。而對於當時大家最感吃重、每週有二十小時的第一外國語德文課，郁達夫學習起來也比別人輕鬆，「不用費甚麼力」就可以學得很好。他課後和德文老師阿諾德‧哈恩的對話，快得甚至大家都聽不明白。而他優異的表現，也使得向來以教學態度嚴格著稱的天壇櫻井政龍教授，對於郁達夫不僅不太管教，同時還有著特殊的待遇。他總是會問郁達夫：「郁君，怎麼樣？請你看看吧。」大抵而言，除了漢文訓讀讓郁達夫感到比較吃力外，其他的課業他都有不錯的表現。⑬根據「第八高等學校一覽表——第九年度」的資料，郁達夫在全班五十一人中，名列第二十一位。這對於一個轉學生而言，可以算是相當優秀的成績了。⑭

　　雖然郁達夫在課業上的表現頗為出色，但是在另一方面，體操課卻讓他感到萬分的痛苦。第八高校當時被稱為「體操學校」，學校方面相當重視體操課，四、五位任教者全部都是軍人，就連主任也是步兵中佐出身。因此，體操課的內容也就純然變成嚴厲的軍事訓練。這對於體質荏弱的郁達夫而言，上體操課無疑是一件相當痛苦的事情。在體操課上，他動輒得咎，常常被整得不成人形，就連旁人看了都覺得可憐。這可以說是郁達夫留學生活中最為黑暗的一面。⑮

---

⑬ 小田岳夫：〈郁達夫傳，他的詩愛及日本〉，同註⑪，頁27。
⑭ 同註⑪，頁119。

郁達夫在高校期間，給同班同學的印象，除了他超群的語
文能力與稍嫌單薄的身體外，就是他那溫文儒雅的個性。據同
學的回憶，郁達夫的臉上總是帶著微笑，他和誰都合得來，從
沒有看他和誰發生過爭吵。他平時也不喜歡聽人閒扯，給人有
種學者般的清高風度。他和日本同學相處得極為融洽，讓人絲
毫沒有意識到他是個外國人，而他和本國同伴之間的交往，反
而顯得不太深入。⑯

雖然在同學的心目中，郁達夫是一個和善開朗的中國留學
生，有時甚至會和同學說笑，給人相當爽快的印象。但是，個
性內斂敏感的他，內心卻是頗為寂寞的，只是他沒有表現在外
罷了！在學校中，中國留學生總共只有十五人，一年級有六
個，而同在第三部的則只有一個而已。在這種環境下，強烈的
孤獨感、思鄉的悲情、青春的苦悶等等，漸漸使他陷入精神衰
落。為了療養精神，在第一年的寒假，他由學校附近的宿舍，
搬進了大喜的梅林「情雪園」。因為這裏地勢較高，不僅可以
俯視大海，也可以回視名古屋全市，風景甚為優美。雖然環境
略嫌僻靜，但是正好合乎了郁達夫當時的心境，他在寫給兄長
的信中說道：「……唯四面梅花，無近鄰入眼，似稍覺寂寞
耳。然弟每欲學魯賓遜之獨居荒島，不與人士往來。」由文
中，不難看出郁達夫沈鬱的心境。⑰而這段時間的生活，也在

⑮ 同註⑪，頁230。
⑯ 曾谷稻子：〈八高、東大同期生談日本留學時期的郁達夫〉，同註
　　⑪，附錄三，頁278-284。
⑰ 同註⑪，頁225。

後來作品〈沈淪〉中重現，

八、性的苦悶

　　日本向來就不像中國那麼嚴守禮教之防，一般女孩子對於守身的觀念並不像中國那麼嚴苛，也沒有纏足和深居簡出的習慣。因此，走在路上，隨時可以看到成群嘻笑的女子，或採花、或唱歌，或登高，自由出入，行動都和男子一樣。更何況日本的女孩大多肥碩完美，個性柔順溫和。郁達夫的同學，就曾憶及到當時他們在高校的生活：

> 當時的八高在農田當中，旁邊有老百姓的車子通過，學校的公識下宿散布的零零落落。生活在這種近似發配的環境裏是非常寂寞的，因此每當老百姓的貨車經過，姑娘們跟在後面推，紅色內裙一晃一晃地時隱時露，八高學生便一齊開心地從窗口探出頭去看。⑱

　　這一切對於來自於保守中國的郁達夫而言，無疑是一個很大的刺激。

　　日本女子雖然如此可人，但是，在當時的環境下，她們對於中國人也都有來自於父兄的觀念——輕視與不屑。從日本女孩口中所說出的「支那人」，其中充滿的輕視意味，更是令人難以忍受。郁達夫在東京高等學校裏，最是受不了這種刺

⑱ 同註⑯，頁281-282。

激。

　　當時郁達夫的下宿處住著一個少女，名叫隆子。他曾為她寫過不少的詩，可見他心下鍾情於這個少女。雖然在這個鄉下地方中國留學生較少，當地日本人的態度也不像東京人那般的輕視華人。但是在強烈自卑感作祟下的郁達夫，始終對隆子不敢有所表示，表面上的態度一貫的冷淡，直到他離開名古屋為止。[19]

　　國外孤寂的留學生活、多愁善感的個性，種種因素的積累，讓郁達夫感到分外的苦悶。他的苦惱與煩悶，除了來自於作為中國留學生所遭受到的歧視與侮蔑外，還有渴求異性而不可得，所造成的欲求不滿。二十歲的郁達夫，面對身體的發育與成長，性苦悶也到達了不可遏止的地步。就在他到第八高校的第一年寒假裏，他在妓院中破了他的童貞。

　　在寒假考試結束後，接連下了兩天大雪。被厚雪孤寂的封鎖在鄉間的郁達夫，再也忍受不了精神與肉體上的苦悶。就在一個飛舞著雪片的午後，他踏上了開往東京的客車。在孤冷的客車裏喝了幾瓶熱酒，看看左右並沒有熟識的人，內心中積藏已久的渴望，忽然由心底升起，化成一股莫大的力量──就如同被惡魔附身一般──郁達夫跳下了車廂，走出車站，跳上人力車，把圍巾往臉上一包，就大肆的叫喊著車夫，要他將車拉往妓院的高樓。對於上妓院解決性苦悶，郁達夫以前也曾經多次在想像裏冒險，但是終只是停留在想像的階段：一則害

---

[19] 同註[11]，頁254。

怕被熟人看見，一則又怕有病毒的糾纏；因此一直沒有真正付諸行動。但在此時此境，人地生疏，時過夜半，酒精又在血液中放肆的奔騰著，於是他將長久以來的苦悶與幻想，化成了實際的行動。

在龜兒鴇母的歡迎聲中，郁達夫選擇了一位肥白高壯的花魁妓女。在一夜的狂歌大飲中，他結束了自己童貞的生命。第二天中午醒來，在錦被中碰觸到一個溫暖的肉體，這使得郁達夫模糊的想起前晚的狂態。如同被當頭潑上了一身的冷水，看著周圍的一切，袒露全身熟睡的無知少女、玻璃窗外的半角晴天、枕頭邊上散著的粉紅櫻紙。他不由自主地流出眼淚來：「太不值得了！太不值得了！我的理想，我的遠志，我的對國家所有抱負的熱情，現在還有些什麼？還有些什麼呢？」[20]郁達夫的心情是矛盾的，靈魂是痛苦的。

「索性沈到底罷！不入地獄，哪見佛性，人生原是一個複雜迷宮。」[21]經過了這次後，郁達夫每當陷入性苦悶之時，便跑去妓院裏尋求刺激和解脫。每次去過後，心裏的矛盾與衝突就會升起；但當他再次陷入性苦悶，他又會前往妓院。日子就在一次次的衝突與矛盾中渡過。

郁達夫這種沈迷於酒色的生活，甚至一直延續到他回國之後。對於這種生活，他自己曾經說過：

人生終究是悲苦的結晶，我不相信世上有快樂的兩字。人

---

[20] 同註①，頁47。
[21] 同註①，頁47-48。

家都罵我是頹廢派，是享樂主義者，然而他們那裏知道我
何以要去追求酒色的原因呢？唉唉，清夜酒醒，看看我胸
前睡著的被金錢買來的肉體，我的哀愁，我的悲嘆，比自
稱道德家的人，還要沈痛數倍。我豈是甘心墮落者！我豈
是無靈魂的人？不過看透人生的命運，不得不如此自遣
耳。⑳

由這段話可以看出郁達夫頹廢生活裏的沈痛悲哀。

九、沈浸書海

在名古屋第八高校就讀期間，郁達夫下了一番苦功增強日
文、英文和德文。這些深厚的語文基礎成為他接觸外國文學的
一大利器。

郁達夫本身對於文學有著極高的興趣，初到日本的第一
年，在繁重的課業與考試的壓力下，他還是抽空讀了屠格涅夫
的兩本小說。進到第八高校後，郁達夫便把大部分的時間與精
力用在閱讀方面。這期間他大量的接觸到西方文學，特別是小
說，從杜爾葛納夫、拖爾斯泰到陀思妥耶夫斯基、高爾基、契
訶夫，再從俄國作家轉到德國各作家的作品上，前後總共讀了
俄、德、英、法、日等小說一千多部。後來甚至弄得把學校的
功課都丟開了，專在旅館裏讀當時流行的所謂軟文學作品。對

---

⑳ 同註1，頁31

於郁達夫的嗜書，同學馮乃超也曾回憶到：「我在學校附近的一家舊書店裏，也得到對達夫的同樣品評，這書店老闆說：郁達夫讀書很豐富，常常把他讀過的外文新書賣給他，也常在他的書店買書。」㉓

除了外文原版書的大量購買、閱讀外，郁達夫也經常在學校文學閱覽室裏看小說。他借書的方式很特別，從來不察看目錄，而是從書架上的第一欄第一本開始，整批的地借回去。等到借閱的書看完後，又從上次終止的地方，再往下整批的借出去。就這樣，一欄又一欄，一架又一架地借閱，直到出校門為止。這種看小說的癖好，到後來郁達夫進入東京帝國大學就讀時，也始終改不過來。即便是他成年以後，除了吃飯、睡覺之外，空閒時間所閱讀的書籍也是以小說為最多。

這段期間，郁達夫不僅對於學校的功課沒有很用心，也極少參加同學間的聚會；他幾乎將所有的時間都用在於閱讀上。這期間西方小說的大量閱讀，尤其是俄羅斯小說，對他以後走向小說創作之路，及小說所呈現的風格產生了決定性的影響。

十、回國結婚

在異鄉的歲月倏忽已過了四年，一九一七年六月，郁達夫自神戶坐船回國，在八月初回到闊別已久的家鄉。這次他回國的目的是與母親所選定的女子孫荃小姐訂婚。

㉓ 郁達夫：〈五六年來創作生活的回顧〉，《郁達夫小說全編》（杭州：浙江文藝出版社，1989 年），頁36。

　　孫荃，原名蘭坡，一八九七年出生於富陽的書香之家。父親孫孝貞是一個思想開明賢達之人，他並沒有重男輕女的觀念，不僅反對纏足，還主張女子不應只是耽守於閨房之內，也應該到學校裏求學讀書。因此孫荃從小就在學堂接受良好的教育，是一個能詩能文、氣質高雅的現代女子。

　　郁達夫與孫荃的婚事是經由孫家的遠房親戚牽線而成。兩人雖然並不相識，但是透過對方的介紹，孫荃對於遠赴日本留學、刻苦自立、才華洋溢的郁達夫產生了極大的好感。因此，雖然父親對於郁家家境太窮有所顧慮，但是由於女兒的堅持，父親也只好同意了。

　　郁達夫的母親經由親戚的介紹，對於孫荃也非常的滿意，因此她立即寫信給郁達夫，要他儘速回國訂婚。郁達夫在接到家中的來信後，得知要為他安排訂婚一事，且對方是富陽有名的佳人，心裏非常的高興，未等到學校放暑假，便提前在六月回國。

　　相過親後，郁達夫對於孫荃可謂相當滿意，因此兩人便定下終身大事。對於孫荃，郁達夫曾經稱讚她：「文字清簡，已能壓倒前清的老秀才矣！」「吐屬風流，亦有可取之處」，由此可知，郁達夫對於孫荃的學識與才氣相當的欣賞。可以肯定地說，他們的婚姻雖然來自於媒妁之言，但是兩人情投意合，具有一定的愛情基礎，和一般封建社會的傳統婚姻是不一樣的。

　　郁達夫和孫荃舉行過訂婚儀式不久後，又搭船返回日本。此後，兩人相互通信，並經常的寫詩唱和，在魚雁往返中，厚實了兩人的情感。經過了三年，直到一九二〇年的暑假，兩人

才正式結合成為夫妻。㉔

十一、兩次落榜

　　一九一九年六月，郁達夫自名古屋第八高等學校畢業。同年八月，他接到兄長郁曼陀的來信，要他回國參加在北京舉行的外交官與高等文官考試。郁達夫覺得這是一個很好的機會，便在九月四日由橫濱坐船回國。

　　郁達夫不僅具有紮實深厚的中文底子，又精通日、德、英三國語言，且文章又作得好，相當具有成為外交官的資格。在參加外交官應試時，他也考得非常的順手。照理而言，他應當會被錄取。但是放榜的結果，他卻意外的名落孫山。後來經過打聽才知道，原來考官早已被有錢的考生花錢買通了。所以儘管郁達夫的條件再優秀，沒有疏通關節，也不可能被錄取。得知真相後，郁達夫相當的憤恨難平，但也無可奈何。

　　不久之後，他又參加了國民政府所舉行的高等文官選拔考試。這次的考試更是荒唐，錄取名單早已由政府內定好了，舉行公開招考，只不過是徒具形式、做做樣子而已。因此，郁達夫便又「理所當然」的再次落榜。

　　經過兩次考試的失敗，郁達夫徹底的失望了。十一月中旬他重返日本，進入東京帝國大學經濟學部繼續深造。

㉔ 同註⑥，頁37-39。

十二、創作長才

　　郁達夫的創作才能，很早就嶄露頭角。在名古屋高校時期，他即以舊體詩聞名於日本詩壇。其實早在國內念中學時，郁達夫就對舊體詩的寫作有很大的興趣，兄長郁曼陀也經常指導他練習寫詩，兄弟之間時有唱和之作。這一嗜好在他就讀第八高校時得到了進一步的發展。

　　郁曼陀在一九〇五年被選拔到日本留學，他原先學習教育及史地，後來改念法律科學。在課業外，郁曼陀時常賦詩作畫，在日本報刊雜誌中，時可看見他發表的詩作。㉕同時他和日本的詩壇也有所往來，因此結識了一些當地的詩友。由於郁曼陀的關係，郁達夫認識了日本詩人永板碌等人。一九一六年春天，他又拜會了日本著名的漢文學家服部擔風。除了參加服部所主持的「佩蘭吟社」的定期集會外，郁達夫也時常寫詩在服部所編輯的《新愛知新聞》發表。他當時的同學錢潮回憶起當時的郁達夫時說到：

　　（郁達夫）每到星期天，他更是獨自一人到郊外漫遊，流
　　連忘返，或者到公園高聲吟誦中外詩歌和自己的詩作，甚
　　至到達忘我的境界。達夫那時寫了許多舊體詩，經常投寄
　　日本報刊發表，也常抄給我看。我對寫詩一竅不通，但我

㉕ 有關郁曼陀在日本的作品，可參見小田岳夫所編的〈郁曼陀作品
　一覽表〉，同註⑪，頁178-182。

很佩服他的詩才，不到二十歲就在日本詩壇享有盛名。㉖

　由於郁達夫具有深厚的國學基礎，再加上兄長的指導與自己的體會，因此他的舊體詩寫得非常出色，在當時頗得日本詩壇的讚賞。譬如服部擔風就曾對郁達夫的〈日本謠〉十首大加地讚賞：「日本謠諸作，奇想妙喻，信手拈出，絕無矮人觀場之憾，轉有長爪爬癢之快。一唱三嘆，舌橋不下。」又如，他對郁達夫的〈養老山中作〉讚譽說：「達夫詩，如春草乍綠，尚存冬心，大妙於絕體。讀之，皆令人惆悵。頃游養老山，寄示茲篇，蓋一興到之語，然才氣畢竟不凡，其道大得靈助者，似矣。」㉗這樣的讚美，出自於著名的漢學家口中，實屬不易。由此可知郁達夫的舊體詩作，確實有很高的造詣。

　郁達夫在名古屋高校四年中，創作了大量的舊體詩，這些詩作大多發表在《校友會雜誌》、《新愛知新聞》、《神州日報》、《之江日報》等報刊上。㉘郁達夫現存的詩作，總計約有二百餘首，足見其創作之豐。

　除了舊體詩的寫作外，郁達夫在東京帝國大學的期間，也開始了現代小說的創作。他的著名之作〈沈淪〉就是在此時寫成的。當時郁達夫的生活水準還是很低，學校的功課也寬鬆，每天除了讀小說之外，大半的時間都在咖啡館裏或妓院裏和女

㉖ 錢潮：〈我與郁達夫同學〉，同註④，頁35。

㉗ 同註⑥，頁35。

㉘ 有關郁達夫在日本的作品，可參見小田岳夫所編的〈郁達夫作品一覽表〉，同註⑪，頁206-210。

孩喝酒聊天。這樣的日子對於
郁達夫而言，並非愜意舒緩，
而是蘊含了極大的痛苦與矛
盾。由於在島國生活的困頓與
精神的苦悶，再加上對於西洋
文學的大量接觸，現代小說的
創作成為郁達夫不得不作、自
然而成的行為。他在回憶〈沈
淪〉的創作時說到：

《創造》書影

> 寫〈沈淪〉的時候，在感
> 情上一點兒也沒有勉強的
> 影子映著的；我只覺得不
> 得不寫，又覺得只能照著那麼寫，什麼技巧不技巧，詞句
> 不詞句，都一概不管，正如人感到了痛苦的時候，不得不
> 叫一聲一樣。⑳

　　生活上的種種挫折，激發了郁達夫創作的靈感，源源不絕
的流出。他的同學錢潮回憶到：

> 達夫在名古屋時生活很浪漫，常去妓院，有時回來還向我
> 介紹他的見聞，如日本妓院的妓女都坐在那裏，頭上掛有

---

⑳ 同註⑴，頁58-59。

介紹姓名、年齡的牌子，供來客挑選等等。達夫早期的小說大都以妓女生活為題材，恐怕與此不無關係。⑩

由於生活上所遇到的種種痛苦，以及內心的矛盾衝突，郁達夫寫出了如〈沈淪〉之類的自傳式小說。這些小說數年後在中國發表，對於文壇造成了極大的衝擊。同時，郁達夫也因在東京帝國大學時期的這些創作，奠定了他在近代中國文壇的地位。

十三、「創造」成立

中國在一九一九年爆發「五四運動」，隨後而來是「反對舊道德，提倡新道德；反對舊文學，提倡新文學」的文化改革運動。這股新的文學風潮在改革派人士的大力鼓吹下，對於當時的文壇造成極大的衝擊。新的文學創作，有如雨後春筍般的大量出現。

郁達夫雖遠在日本，但對祖國的一切都非常的關心。對於舊有、不合時宜的制度，他向來主張透過改革以達到進步的目的。因此，他非常的贊成這股新文藝改革的風潮，並且熱烈的以行動支持。他在一九一九年十月十三日寫給胡適的信中熱情地說：「你們的那番文藝復興的運動，已經喚起了幾千萬的同志者。」㉛就因為如此，郁達夫便決心組織一個新文學團體，

⑩ 同註④，頁29。
㉛ 同註⑥，頁44。

創辦一種新文學雜誌。

　　一九二○年春，郁達夫和東京帝國大學的同學張資平、成仿吾，約了田漢到他寓所商討辦文學雜誌的相關事宜。後來因為田漢未依約前來，會議因而沒有開成。然而這卻是「創造社」醞釀成立過程中早期的重要活動之一。

　　其實最早提議成立一個文學組織、出版文學刊物的是郭沫若。郁達夫、張資平、郭沫若是東京第一高等學校的預科的同班同學。郁達夫和張資平高校畢業後，同進入東京帝大就讀，而郭沫若則遠在千里之外的九州帝國大學念醫學系。張資平和郭沫若一直有書信的來往，在書信中，郭沫若不僅把自己寫的詩寄給他，並且多次提議成立一個文學組織和出版文學雜誌。張資平又將這些信轉拿給郁達夫看。可以說由於有郭沫若的首倡，郁達夫、張資平等人的積極響應，於是有了日後創造社的成立。

　　一九二一年四月郭沫若回到上海，替泰新書局編譯書籍，他對於出版雜誌一事一直耿耿於懷。有一次，他向泰新書局的經理越南公提出創辦一種新刊物的構想，得到了越南公的同意。郭沫若非常的高興，他在六月初回到日本，打算和當地幾位有志於此的朋友商量，希望把相關的問題，如雜誌的名稱、稿件的來源、出版日期等決定下來。他在拜訪過京都的幾個朋友後，並沒有解決任何的問題，於是他決定搭火車前往東京找郁達夫。在火車上，他已經有了一些初步的想法，同時擬以《創造》或《辛夷》為雜誌的名字。

　　當時郁達夫正因生病住進了醫院，郭沫若直接跑去看他。

在醫院裏的郁達夫雖然正病著，但是看到郭沫若非常的高興，並且對於辦雜誌一事，積極熱烈的回應著。郭沫若曾回憶說：「他打算拿出一個集子，退院之後寄給我。……雜誌的名稱他贊成用《創造》，月刊、季刊都不論，每次他可以擔任一兩萬字的文章。」㉜可見，郁達夫對郭沫若辦雜誌一事，給予了相當大的支持。

六月六日郁達夫出院。六月八日下午郭沫若、郁達夫、張資平、何畏、徐祖正等在郁達夫的住所召開會議。討論的結果，決定以《創造》做為雜誌的名稱，暫訂出季刊，預計在寒假結束前收齊創刊號的稿件。創造社正式宣告成立。

郭沫若之後隨即返回上海。但是由於生活條件太差，使他深感自己的力量太過薄弱，文學創作的時機也尚未成熟。因此他寫信給郁達夫，要郁達夫盡快回國，接替他的工作。㉝郁達夫接到郭沫若的信後，於九月初抵達上海。在交接完工作後，郭沫若便回日本繼續他醫科的學業。

接替郭沫若之後的郁達夫，對於辦雜誌的工作有極高度的熱情。就在同月的二十九日，他便在上海的《時事新報》中刊載《創造》季刊的出版預告。全文如下：

> 《創造》第一期，一九二二年一月一日出版，社址：上海
> 馬霍路德福里三百二十號。

㉜ 郭沫若：《創造十年》，《郭沫若全集》（北京：人民出版社，1992 年），頁350。
㉝ 同前註，頁87。

> 自文化運動發生後，我國新文藝為一二偶像所壟斷，以致
> 藝術之新興氣運，漸滅將盡，創造社同人奮然興起打破社
> 會因襲，主張藝術獨立，願與天下之無名作家共興起而造
> 成中國未來之國民文學。
> 創造社同人　田漢　郁達夫　張資平　穆木天　成仿吾
> 郭沫若　鄭伯奇㉞

　　然而事情並沒有預期的順利。由於書局所給的條件太差，
郁達夫的生活相當的困難，因此他向越南公提出前往安慶法政
學校任教的要求。在獲得越南公的推薦後，九月底他就動身前
往安慶，擔任法政學校的英文教師。在法政學校任課的期間，
郁達夫的工作相當繁重，又要編講義、上課，又要改作業，根
本沒有時間從事雜誌編輯的相關工作，直到一九二二年一月學
校放寒假才離開安慶。

　　回到上海，郁達夫又繼續投入《創造》季刊創刊號的編
輯。直到二月底，創刊號才編成並發稿。之後郁達夫隨即在三
月一日返回日本參加帝國大學的畢業考試。考完試，郁達夫成
績合格，正式取得東京大學經濟部經濟科的學士學位。五月一
日才又回到上海。

　　當郁達夫回到上海的那天，也就是《創造》季刊創刊號正
式出版的日子。創刊號中刊載了郭沫若、張資平、田漢、郁達
夫等人的作品。這些作品大都充滿著濃厚的浪漫色彩，以及對

㉞ 同註⑥，頁49。

於現實不滿的激越之情。《創造》一出刊，就受到文壇相當的
重視。讀者熱情的回應，使得創刊號供不應求，在六月就又重
新印出一次橫排版。隨著《創造》的出刊，無疑的擴大了創造
社在當時文壇的影響力。而《創造》季刊之所以能順利問世，
除了郭沫若的發創之功，以及其他同人的撰稿外，郁達夫的努
力也是不容抹滅的！㉟

十四、《沈淪》發表

早在《創造》季刊創刊號發行之前，創造社就以「創造社
叢書」之名出了幾種書。第一種是郭沫若的《女神》，第二種
是朱謙之的《革命哲學》，第三種即是郁達夫的《沈淪》。

一九二一年在郁達夫離開上海前往安慶任教的不久後，十
月十五日他的第一本小說集《沈淪》經由郭沫若編訂，正式由
泰東書局出版。它是五四文學革命運動以來，最早出版的新小
說集，收入郁達夫的〈沈淪〉、〈南遷〉、〈銀灰色的死〉三篇
短篇小說。這三篇小說都是他一九二一年在日本東京帝國大學
時期的作品，在描寫的內容都具有相當類似的傾向：頹廢情緒
與大膽的自我暴露，是郁達夫這一時期作品的特色之一。而其
中又以〈沈淪〉最具代表性。

《沈淪》出版後，立即引起了極大的反應，受到了讀者的
熱烈歡迎。許多外地的年輕人甚至專程前來上海購買這本小

㉟ 同註⑥，頁44-61。

說。泰東書局將此書共計出了
十餘版，數量達三萬餘冊，
《沈淪》成為當時最暢銷的一
本書。但就在他受到年輕讀者
廣大歡迎的同時，也遭受到了
一些人的指責和毀謗，這些除
了保守的假道學之士外，也不
乏主張新文學的作家。他們說
郁達夫是「浪漫作家」、「頹
廢作家」，認為他的小說裏
「充滿了污穢和不健康的氣
氛」、「是不道德文學」。當時

《沈淪》書影

著名的詩人徐志摩更是直斥：
「創造社的人就和街頭的乞丐一樣，故意在自己身上造些血濃
糜爛的創傷來吸引過路人的同情。」㊱面對「誨淫下流」、
「傷風敗俗」、「污穢」、「不健康」等批評，無疑的給郁達夫
帶來了極大的心理壓力。幸好他得到郭沫若、周作人等人的支
持。郭沫若稱他「清新的筆調，在中國的枯槁的社會裏面好像
吹來了一股春風，立刻吹醒了當時的無數青年的心」。㊲而周
作人則是在《晨報》裏發表了一篇頗為中肯、頗具說服力評
論，他說：

㊱ 同註⑷，頁87 。
㊲ 同註⑷，頁87 。

這集內所描寫是青年的現代的苦悶，似乎更為確實。生的意志與現實之衝突是這一切苦悶的基本；人不滿足於現實，而復不肯遁於空虛，仍舊在這堅冷的現實之中，尋求其不可得的快樂與幸福。現代人的悲哀與傳奇時代的不同者即在於此。理想與現實社會的衝突當然也是苦悶之一，但我相信他未必能完全獨立，所以〈南遷〉的主人公的沒落與〈沈淪〉的主人公的憂鬱病終究還是一物。著者在這描寫上實在是很成功了。所謂靈肉的衝突，原只是說情慾與壓迫的對抗，並不含有批判的意思，以為靈優而肉劣：老實說來超凡入聖的思想倒反於我們凡夫覺得稍遠了，難得十分理解，譬如中古詩裏的「柏拉圖的愛」，我們如不將他解作性的崇拜，便不免疑要是自欺的飾詞。我們鑑賞這小說的藝術地寫出這個衝突，並不要他指點出那一面的勝利與其寓意。他的價值在於非意識的展覽自己，藝術地寫出升化的色情，這也就是真摯與普遍的所在。至於所謂猥褻部份，未必損傷文學的價值：即使或者有人說不免太有東方氣，但我以為倘在著者覺得非如此不能表現他的氣氛，那麼當然沒有可以反對的地方。㊳

他更說：「而〈沈淪〉確是一件藝術的作品。」周作人的這篇文章，平息了不少當時對於郁達夫的批評。對於這些往事，郁達夫自己曾經回憶到：

㊳ 周作人：〈沈淪〉，收入陳子善、王自立編：《郁達夫研究資料》（香港：三聯書店香港分店，1986 年 11 月），頁4。

　　《沈淪》印成了一本單行本出世，社會上因為還看不慣這
一種畸形的新書，所受的譏評嘲罵，也不知幾十百次。後
來周作人先生，在北京的《晨報》副刊上寫了一篇為我申
辯的文章，一般罵我誨淫，罵我造作的文壇壯士，才稍稍
收斂了他們痛罵的雄詞。㊴

　　由此可知《沈淪》在當時文壇所掀起的風暴，以及郁達夫
在發書後所面臨的精神壓力。

　　無可否認地，《沈淪》的確流露出一股強烈悲觀厭世的頹
廢情緒，同時也有著大膽、且過多的情色描寫，然而他有他的
創作背景。

　　《沈淪》三篇寫於郁達夫在日本東京帝國大學時，當時的
他在精神上受到極大的壓力——日本人的輕視與侮辱、對性
的渴求與苦悶、回國兩次應試的意外落榜——，再加上他自
身沈鬱的性格特質，就是在這樣極度苦悶的大時代條件下，孤
單、寂寞、矛盾、失望的情緒，成為他不可不發的文學創作。
根植於這些因素下，郁達夫的初期創作中，就難免的含有頹廢
的情緒在內。就如他自己所說：

　　人生從十八九到二十餘，總是要經過一個浪漫的抒情時代
的，當這時候，就是不會說話的啞鳥，尚且要放開喉嚨來
歌唱，何況乎感情豐富的人類呢？我的這抒情時代，是在

㊴〈《雞肋集》題辭〉，同註⑴，頁60。

那荒淫殘酷，軍閥專權的島國裏過的。眼看到的故國的陸沈，身受到異鄉的屈辱，與夫所感所思，所經所歷的一切，剔刮起來沒有一點不是失望，沒有一處不是憂傷，同初喪了夫主的少婦一般，毫無氣力，毫無勇毅，哀哀切切，悲鳴出來的，就是那一卷當時惹起了許多非難的《沈淪》。⑩

《沈淪》新穎的體裁、大膽的題材、創新的筆法，不僅在當時的文壇造成極大的轟動，同時也奠定了郁達夫在中國近代新文藝史上的地位。而我們由《沈淪》的內容，也不難看出島國的求學生涯，以及生活上的苦悶對於郁達夫在創作上所造成的影響。

十五、賦歸回國

在一九二二年三月回國忙於編書、創辦刊物的郁達夫，曾經回日本參加帝國大學的畢業考。在取得學士學位後，他接著又辦理了進入東京帝大文學部言語學科學士的免試入學手續。五月一日他又回國處理雜事。

同年六月初，郁達夫又再返抵日本，準備進入東帝大的文學部繼續深造。但是當他到達東京不久後，就接到上海郭沫若等人的來信，表示希望他回國主持創造社的工作。同時，安慶

---

⑩ 同註①，頁58 。

的法政學校也來函邀請他繼續回去任教。經過幾番考慮的結果，郁達夫決定放棄繼續深造的打算，回國接受郭沫若和法政學校的邀請。

遙算當時渡海而來，郁達夫在這島國已渡過十年的歲月。在這島國，他學習他成長；在這島國，他受輕視受凌辱；在這島國，他頹廢他潦倒；在這島國，他渡過了人生最青春年華的歲月。現在他要面臨離別了，他的心情是矛盾的，他痛恨這使他受辱的異鄉，但卻也不捨這他久住十年的島國。他曾恨恨的說：「日本的土地，怕今後與我便無緣分了。因為日本是我所最厭惡的土地，所以今後大約我總不至於再來的。」㊶但是訣別的念頭，同時也帶給他不忍的心情：「十年久住的這海東的島國，把我那同玫瑰露似的青春消磨了的這異鄉的天地，我雖受了她的凌辱不少，我雖不願第二次再使她來吻我的腳底，但是因為這厭惡的情太深了，到了將離的時候，倒反而生出了一種不忍與她訣別的心來。」㊷面對這種複雜的情感，以致於郁達夫將回國的船票日期延了又延。

在日本停留的這段期間，郁達夫除了和東京的朋友話別、買了幾本書、創作了幾篇小說之外，他還到回到名古屋——高校四年中，他所生活的背景；在這裏，他真正展開在異鄉獨自的生活，飽嚐心靈的孤寂與苦悶。對於名古屋，郁達夫有著一份特殊且錯綜的情感，使得他在離開日本之前，不得不到名古屋一趟。

㊶ 同註(1)，頁64。
㊷ 同註(1)，頁62。

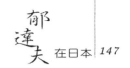

從家裏寄來的回程旅費已經收到了，該道別的朋友都已經道別了，想去的地方也去的差不多了，幾本愛讀的書也都買好了，船在今天就要開了。但是郁達夫又匆匆的跑到船務公司，將七月十五的票，又延到七月二十日。然而時間終究還是會到，終於還是要離開了，莫名其妙的離情，使得他有一股如同將死一樣的哀傷，直到七月十九日的晚上，喝醉酒的郁達夫才搭上火車，抵達隔天的出發地神戶。

銅鑼聲響起，大船即將啟航，想起積累了十年對日本的憤恨與悲哀，郁達夫不禁流下了數行的清淚。心裏呼喊著：

啊啊，日本啊！世界一等強國的日本呀！國民比我們矮小，野心比我們強烈的日本呀！我去之後，你的海岸大約依舊是風光明媚，你的兒女大約依舊是荒淫無忌地過去的。天地的蒼茫，海洋的浩蕩，大約總不至因我之去而稍生變更的。我的同胞的青年，大約仍舊要上你這裏來，繼續了我的命運，受你的欺辱的。但是我的青春，我的在你這無情的地上化費了的青春！啊啊，枯死的青春呀，你大約總再也不能回復到我的身上來了罷！㊸

此時的郁達夫對於日本可謂極度的厭惡。

但是不可否認的，這個四面環海的島國，卻也對他的一生造成了極大的影響，他自己曾說：

㊸ 同註①，頁63。

雖則一半也由於天性，但是正當青春的盛日，在四面的海的這日本孤島上過去的幾年生活，大約總也發生了不可磨滅的絕大的影響無疑。㊹

船漸漸駛離了日本島，這中國傳說中的蓬萊逐漸隱沒在東方茫茫的夜色裏。郁達夫心繫的中國將近。遠離了嘲笑他、蹂躪他的島國，一步步地歸向他魂牽夢縈的祖國，然而近鄉總是令人情怯，更何況那祖國是積弱、混亂的中國呢？「我在那無情的島國上，受了十幾年的苦，若回到故國之後，仍不得不受社會的虐待，教我如何是好呢！日本的少女輕侮我，欺騙我時，我可以說『我是為人在客』，若故國的少女，也同日本婦人一樣的欺辱我的時候，我更有什麼話說呢！」㊺「唉，唉，唉，唉，我錯了，我錯了。我是不該回國來的。一樣的被人虐待，與其受故國同胞的欺辱，倒還不如受他國人的欺辱更好自家寬慰些。」㊻

在郁達夫近鄉情怯的深沈嘆息聲中，船緩緩的駛入了中國港。

㊹ 同註⑴，頁40 。
㊺ 同註⑴，頁68 。
㊻ 同前註。

十六、東瀛餘絮

在一九二七年七月郁達夫離開日本，當時他是何其的痛恨日本，甚至發誓今生再也不願踏上這島國。然而在一九三六年的十一月，他又再度造訪日本，其最主要的目的在於邀郭沫若一起回國參加抗戰。經歷了幾個人生的高低潮，郁達夫始終保持著對社會的高度關懷與高昂的愛國精神。一九三七年中日戰爭全面爆發，郁達夫積極倡導國防文學，響應抗日活動。一九三八年郁達夫應《星洲日報》社長之邀，偕同妻子前往新加坡擔任主編的工作。在新加坡的期間，他除了忙於編輯工作外，他更致力於種種有益於抗戰的工作，支持抗戰文藝事業便是其中之一。他主張文藝必須為抗戰服務。不斷發表「抗戰必勝」的文章，以激勵全民士氣。

一九四二年二月四日，日軍開始進攻新加坡。新加坡的情勢岌岌可危，於是郁達夫和胡愈之等幾個抗戰委員會的朋友，決定儘快撤離。

幾經輾轉，郁達夫在五月初到達蘇門達臘西部的小市鎮，他隱姓埋名，化名作「越廉」，以富商的身份出現。不久後，日軍發現他精通日語，強迫他至武吉丁宜日本憲兵分隊擔任通譯。在這期間，郁達夫偽裝不懂政治，暗中保護和營救從事抗日活動的分子，同時他目睹了日本憲兵許多不為人知的罪行。

一九四五年八月日本戰敗投降。日本憲兵害怕郁達夫會在戰後揭露他們的罪行，因此在二十九日晚上秘密將他逮捕。後

來證實他在武吉丁宜附近的荒野被殺害。當時郁達夫只有五十歲。

當年郁達夫在離開日本時，曾經感嘆說：

> 日本呀日本，我去了。我死了也不再回到你這裏來了。但是我受了故國社會的壓迫，不得不自殺的時候，最後浮上我的腦子裏的，怕就是你這島國哩！[47]

雖然在故國的社會裏，他沈沈浮浮的度過了二十餘年的歲月，並非一路的順暢如意，但終究祖國也沒有壓迫的他不得不自殺。在國家面臨危難時，他不僅積極響應祖國的抗戰，同時用他全部的生命熱愛國家。然而，他在島國十載的青春歲月，最後卻成為他罹難的禍因。這種遠種在三十多年的禍因啊！如果郁達夫不曾留學日本，如果郁達夫不精通日語，如果……然而，一切的如果，也挽回不了已成的事實。只是不知郁達夫在面對殺害他的日本憲兵時，是否曾憶起他在島國那段青澀年輕的歲月？

參考書目

郁達夫傳記資料　朱傳譽著　臺北　天一出版社　1979 年至 1985 年

---

[47] 同註(1)，頁69。

郁達夫研究資料　陳子善、王自立編　香港　三聯書店香港分
　　店　1986 年 11 月

回憶郁達夫　陳子善、王自立編　長沙　湖南文藝出版社
　　1986 年 12 月

襲捲在最後的黑暗中：郁達夫傳　王觀泉著　天津　人民出版
　　社　1986 年

郁達夫全集　浙江文藝出版社編　杭州　浙江文藝出版社
　　1992 年

郁達夫自傳　郁達夫著　南京　江蘇文藝出版社　1967 年 7 月

郁達夫傳　劉炎生著　南昌　百花洲文藝出版社　1996 年 12
　　月

相關文獻

小田嶽夫　郁達夫傳──他的詩、愛和日本
　　　　　　郁達夫傳記兩種　305 面　杭州　浙江文藝出版社
　　　　　　1984 年

馬　斌　郁達夫的留日生活
　　　　　　神州學人　2001 年第 4 期（總第 134 期）　頁 31-
　　　　　　33　2001 年

鈴木正夫著，杜國清譯　郁達夫的流亡和失蹤──原住在蘇門
　　　　　　答臘的日本人的證言
　　　　　　純文學　第 9 卷第 1 期　頁 40-64　1971 年 1 月

王潤華　中日人士所見郁達夫在蘇門答臘的流亡生涯

中國時報　第12版　1976年12月5-9日

稻葉昭二　在日本的郁曼陀——作家郁達夫的周圍(1)
龍谷大學論集　第399號　頁26-59　1972年6月

鈴木正夫　創造社脫退前後の郁達夫
北海道大學文學部紀要　第24卷第2期　頁103-146　1976年3月

任世雍　追蹤——郁達夫——沈淪——名古屋
自由談　第30卷第4期　頁48　1979年4月

達　暉　關於郁達夫去日留學的時間
中國現代文學研究叢刊　1980年第4輯　頁362-365　1980年12月

李兆忠　郁達夫的東瀛之戀
文學自由談　2002年第2期　頁59-67　2002年4月

曾古道子　日本留學時代の郁達夫——八高、東大同期生よりの聞き書き
魯迅研究　第32號　頁8-9　1963年10月

稻葉昭二　八高時代的郁達夫和服部擔風
東洋文化　第17號　頁21-39　1972年12月

陳　齡　郁達夫と金子光晴——郁達夫と日本人文人の交遊
愛知文教大學論叢　第3期　頁155-182　2000年

吳建華　川端康成與郁達夫
長沙電力學院學報（社會科學版）　第16卷第3期　頁87-90　2001年8月

劉久明　郁達夫與谷崎潤一郎

東洋大學中國哲學文學科紀要　第 10 期　頁 158-147　2002 年 3 月

陳　齡　小田嶽夫と郁達夫──杭州との關連を中心に

名古屋大學中國語學文學論集　第 14 期　頁 1-20
2002 年

蘇　明　葛西善藏と郁達夫──その自然描寫を中心に

新大國語　第 21 號　頁 45-53　新潟　新潟大學教育學部國語國文會　1995 年 3 月

周海林　佐藤春夫と郁達夫

文學・社會へ地球へ　東京　三一書局　1996 年 9 月

陳　齡　佐藤春夫と郁達夫──イロニーとしての交遊史

愛知文教大學論叢　第 4 期　頁 109-129　2001 年

劉久明　郁達夫與佐藤春夫

常德師範學院學報（社會科學版）　2001 年第 3 期　頁 22-25　2001 年 5 月

鈴木正夫　郁達夫と佐藤春夫──佐藤春夫の放送原稿「舊友に呼びかける」に即して

橫濱市立大學論叢　人文科學系列　第 53 期　頁 165-197　2002 年

稻葉昭二　郁文拾遺㈠

龍谷大學論集　第 382 號　1966 年 11 月

稻葉昭二　郁文拾遺㈡

龍谷大學論集　第 394 號　頁 108-134　1970 年 11 月

稻葉昭二　關於郁達夫「鹽原十日記」

吉川博士退休紀念中國文學論集　頁829-844　東京　筑摩書房　1968年3月

稲葉昭二　大正丙辰丁巳郁文詩
　　　　　龍谷大學論集　第388號　頁66-89　1969年2月

稲葉昭二　郁文詩——第八高等學校時代
　　　　　龍谷大學論集　第389、390號合集　頁545-560
　　　　　1969年5月

稲葉昭二　《沉淪》考證初稿
　　　　　龍谷大學論集　第400、401號合集　頁762-782
　　　　　1973年3月

沈西城　郁達夫的「鹽原十日記」（留學日本的遊記）
　　　　大成　第61期　頁26-28　1978年12月

稲葉昭二　郁達夫的留學生活和他的詩
　　　　　入矢教授、小川教授退休紀念中國文學語言學論集
　　　　　頁719-730　東京　筑摩書房　1974年10月

胡金定　郁達夫と日本文學
　　　　相浦杲先生追悼中國文學論集　頁425-452　東京
　　　　東方書店　1992年12月

徐　冰　郁達夫的日本觀
　　　　日本學刊　1994年第3期　頁149-157　1994年5月

李麗君　論郁達夫的日本觀
　　　　浙江學刊　2002年第2期　頁132-140　2002年3月

蘇德昌　中國人の日本觀——郁達夫
　　　　奈良大學紀要　第30期　頁15-44　2002年3月

蔡偉清　論日本文學對郁達夫創作的影響
　　　　汕頭大學學報（人文科學版）　1997 年第 3 期
　　　　頁 43-50　1997 年 6 月

劉亞莉　郁達夫的小說創作與日本自然主義私小說
　　　　北京教育學院學報　1996 年第 4 期　頁 37-42
　　　　1996 年

王一麗、王志剛　郁達夫與日本私小說
　　　　瀋陽師範學院學報（社會科學版）　1994 年第 3
　　　　期　頁 14-17　1994 年 7 月

申潔玲　試論郁達夫小說中的日本形象
　　　　廣東社會科學　1997 年第 3 期　頁 119-124　1997
　　　　年 6 月

郭　勇　郁達夫與日本「私小說」及「唯美主義」文學
　　　　寧波大學學報（人文科學版）　1999 年第 4 期
　　　　頁 22-27 轉頁 44　1999 年 12 月

陳子善　郁達夫：東瀛十年與「私小說」——為靳飛編《郁
　　　　達夫談人生》而作
　　　　青年報・立週刊　1998 年 5 月 15 日
　　　　海上書聲　頁 11-17　南京　東南大學出版社
　　　　2002 年 5 月

蕭　鋒、王黎明　變態的「他者」——從《沉淪》三部曲中看
　　　　日本的形象
　　　　渝西學院學報　2002 年第 1 期　頁 52-47　2002 年
　　　　3 月

池上貞子　郁達夫の「日本の娼婦と文士」とは
　　　　　文學空間　第 12 卷第 4 期　頁 73-80　1986 年 12 月
高文軍　　郁達夫研究を通じて見る中日兩國の現代文學研究
　　　　　について
　　　　　名古屋大學中國語學文學論集　第 13 期　頁 43-63
　　　　　2000 年
桑島道夫　郁達夫における社會と藝術——滯日期，歸國前後
　　　　　の文藝觀に見られる〈反抗〉の考察を中心として
　　　　　中國中世文學研究　第 28 號　頁 95-114　廣島
　　　　　中國中世文學研究會　1995 年 9 月
申英蘭　　郁達夫の日本文學受容について——近松秋江から
　　　　　受けた影響を中心に
　　　　　國語國文　第 69 卷第 11 期　頁 28-42　2000 年 11 月
張志晶　　中日近代文學の相互交流、影響關係の考察——郁
　　　　　達夫を中心に
　　　　　教育研究所紀要　第 8 期　頁 67-73　1999 年
李明軍　　形同質異——郁達夫的《沉淪》與佐藤春夫的《田
　　　　　園的憂鬱》之比較
　　　　　內蒙古民族大學學報（社會科學版）　2002 年第 2
　　　　　期　頁 43-47　2002 年 4 月
于小植　　傳承與變奏——《田園的憂鬱》與《沉淪》之比較
　　　　　齊齊哈爾大學學報（哲學社會科學版）　2002 年
　　　　　第 5 期　頁 52-56　2002 年 9 月

李大釗在日本

蕭 開 元 *

一、前言

　　自清季以來，由於西學不斷地輸入中國，知識分子漸漸地吸取著各種新式的思想；而滿清在政治上的腐敗，更造成了嚴重的內憂外患，使得國勢日趨衰微，以致在十九世紀末的世界上，無法與西方強大的國家相提並論。清末的知識分子，無時無刻不在想著為國家尋求一種適合的道路，好讓自己的國家不再受列強的擺佈，不再成為任人宰割的魚肉。民國成立之後，袁世凱竊取了辛亥革命的果實，不但專制獨裁，更恢復帝制，造成社會民眾的反感。另外，民初各種軍閥及派系的彼此鬥爭，也形成了社會的動盪不安。因此，有志青年為了要使廣大的民眾能夠多關心國家的命運，他們採取創辦各種刊物的方式，不斷地在刊物上發表各式文章與評論，並藉由這種傳播的方式，使各種新式思想得以迅速地深植於社會各階層的角落。同時，這些有志青年更希望遠渡重洋，到進步的國家去多聽

---

* 蕭開元，東吳大學中國文學系碩士。

聽，多看看，這樣不但可以
馬上吸取新的思想並介紹給
國人認識，而且也可以藉著
自己在國外生活的這段時
間，去對這些國家進步的原
因，作更深入的了解。李大
釗（1889-1927，字守常）
正是處在清末過渡到民國時
期的一個知識分子。他在清
末的新式教育中，不但在北
洋法政專科學校接觸到各種

李大釗 像

新式的政治制度與思想，同時也與中國所有抱著「天下興亡，
匹夫有責」的傳統士人一樣，關懷著自己國家的命運與前途。
對他而言，在日本早稻田大學的留學生活，可以說是他思想發
展的奠基；而在此時，他也開始接觸到馬克思學說，使得他後
來得以成為中國共產黨主要創立人之一。但他一生最後卻以
「暴徒亂黨」的名義被補入獄，並處以絞刑，僅僅活了三十九
歲。本文則著重李大釗求學過程中各時期的概況，以及留學日
本之後主要的活動，逐一地作出介紹。

二、留學日本前的李大釗

㈠少年時期（1889-1904）

一八八九年十月二十九日，李大釗出生於河北省樂亭縣大

黑坨村。他的父親李任榮早年患了肺病，二十三歲便去世了，並留下懷著孕的妻子。而他的母親也因為感傷過度，因此在生下李大釗之後不到十六個月的時間，也相繼過世。所以他是由祖父李如珍所撫養長大。在祖父的督促下，李大釗從三歲就開始認字，四、五歲時，又開始讀一些如《三字經》、《千字文》等啟蒙書籍。七歲時，祖父將他送到私塾，跟著單子鼇先生讀書。單先生為他取名「耆年」，字「壽昌」。李大釗讀書時不但才思敏捷，同時更是一位品學兼優的好學生，所以相當得到單先生的喜愛。十歲時，按照當地早婚的風俗，李大釗與本村的趙紉蘭（1882-1933）結婚。趙氏年紀大他六歲，為人賢慧，在李大釗的求學時期中，她不但在家中服侍老人，操持家務，並且李大釗上學的學費，也都是她去典當挪借，想盡各種辦法湊錢而來的，夫妻二人患難與共，生死相依。李大釗在單先生的私塾念了三年書之後，便轉到趙輝斗先生家讀書，兩年之後（1900），又轉到黃玉堂先生家讀書。因此李大釗的少年時期，雖然過的不是衣食無虞的日子，但是由於他的天資聰穎，使得他可以在求學的過程中一帆風順。①

---

① 本段請參照中國人民政治協商會議河北省委員會文史資料研究委員會編：《李大釗年譜》（石家莊：河北人民出版社，1981年），頁1-4；《李大釗傳》編寫組：《李大釗傳》（北京：人民出版社，1979年），頁1-4；以及李大釗：〈我的自傳〉、〈獄中自述〉，《李大釗文集》（上、下）（北京：人民出版社，1984年），頁114、888。

㈡由永平府中學到北洋法政專科學校（1905-1913）

1.永平府中學時期（1905-1907）

李大釗如同中國所有的讀書人一般，讀「四書經史」的目的便是為了能夠參加科舉考試，好讓自己可以有較好的仕途機會。此時的李大釗，在經過十多年的努力學習之後，當然也報名參加科舉考試。但正當李大釗為科舉考試作準備的時候，這個一向被視為神聖不可動搖的科舉制度，竟然被清廷給廢除了。李大釗回憶當年自己考試的經過說道：

> 年十六，應科舉試，試未竟，而停辦科舉令下，遂入永平府中學校肄業，在永讀書二載。②

由此可見，李大釗雖然參加了科舉考試，但由於清廷宣布廢除科舉考試，因此他在還沒有考完的情況之下，也只好作罷而進入了當時的新式學堂，也就是永平府中學堂。根據當時清廷的規定，中等學堂要開設中國文學、外國語、歷史、地理、算術、博物、地理、化學、法制、理財（也可以不設）、圖畫、體操十二門課程，所以在這所新式的學堂裡，他不但接觸到了新的學問，並且開始學習英語，同時他也閱讀著改革派領袖康有為、梁啟超的文章，不停勤奮地讀書。因此，李大釗在知識上可以說是從一個狹小的範圍裡，走向一個廣闊的世界中。但

---

② 見〈獄中自述〉，《李大釗文集》（下），頁888。

是，這時的中國，可以說幾乎已被列強瓜分殆盡。從他進入永
平府中學堂之前，中國歷經了甲午戰爭（1895）、八國聯軍
（1900），不但生靈塗炭、民不聊生，而且清廷還分別簽訂了求
和的「馬關條約」、「辛丑和約」，割地、賠款，簡直是喪權辱
國。李大釗在求學的過程中，覺得自己國家的政治、社會，是
如此的衰弱積微，因此他很想要學習可以救中國的學問與方
法，不要再讓國家的頹勢日甚一日。所以在五年制的永平府中
學堂裡，他只讀了兩年的書，因為他知道在這個學堂內，無法
更廣泛、更迅速、更深入地學到新的知識，所以他毅然決然地
去天津投考新的學校，正如他所說的：

> 釗感於國勢之危迫，急思深研政理，求得挽救民族、振奮
> 國群之良策，乃赴天津投考北洋法政專門學校。③

2. 北洋法政專科學校時期（1907-1913）

李大釗到天津投考新學校的時候，其實有三所學校正在招
考，這三所學校分別是北洋軍醫學校、長蘆銀行專修所，以及
北洋法政專科學校。但是他認為軍醫並非他所喜愛，而銀行專
修所即使是考取了，但僅是「致個人之富」，並且也和自己平
常的志向不同，所以他放棄報考這兩所學校，而報考了北洋法
政專科學校。④這所學校是由袁世凱所創立的，目的是為了培

③ 同前註。
④ 同前註。

養法律及行政管理人員，設有簡易及專門兩科。專門科仿日本法律學校學制，六年畢業。前三年為預備科，主要學習的是外語和中學知識，第三學年開設法學通論及經濟學原理等基礎課，這是為了進入正科前的準備。進入正科之後又分為法律、政治兩門，學制仍然是三年，全部採用日語教學，任教者為日本學者、留日學生及其他外國人，而課程幾乎完全是參照國外的模式而設置。⑤因此，李大釗在這所學校裡展開了他長達六年（1907.9.2-1913.6）的學習生活，並且受到了良好的西方政治及法律學說的教育。

(1) 參與政治活動

李大釗在校期間中，除了學業之外，他也開始參加政治活動。這段時間正好是孫中山領導辛亥革命的時候，另外也是清末立憲派人士要求請開國會運動的時候。清末的預備立憲，乃是受到日俄戰爭（1904.2.6-1905.9.2）的刺激而產生的。立憲派人士認為日本之所以可以擊敗俄國的原因，在於日本有良好的君主立憲制度，使得國富民強，而梁啟超也認定君主立憲的確是救國強國的特效藥。但是慈禧並不把立憲當作一回事，而是以搪塞的手段來應付，並且在一九〇八年八月宣布要以九年的時間來進行籌備事宜，之後便會頒布憲法，召集議會。這九年的籌備時間顯然是個漫長的等待，擺明了清廷不願意在君主立憲上作出任何的回應。因此立憲派人士對清廷所表現的態度

⑤ 有關北洋法政專科學校的史事，可參照北京大學圖書館、北京李大釗研究會編：《李大釗史事綜錄》（北京：北京大學出版社，1989年），頁29-35。

是非常的不信任，於是他們組成請願團，於一九一〇年一月到
京上書朝廷，希望於一年之內召開國會。但是他們所得到的答
覆是：「國民知識不齊，俟九年預備完全，國民教育普及，再
定期召開。」立憲派代表對此答覆相當不滿，於是又在同年六
月，再次請願，但清廷的答覆如舊。因此請願團在同年八月又
三度請願，這次請願不僅要求速開國會，並且還要求組織責任
內閣。這次請願的行動終於有了結果，清廷宣布將九年預備立
憲的時間，縮短為六年。但是這個結果對於立憲派人士來說，
依然是令人感到失望的。所以這三次請願的活動，由於清廷敷
衍的態度而相繼失敗。立憲派人士為了達成目的，便在同年十
二月又開始組織第四次的請願活動，而李大釗也參加了這次的
請願活動，並被推選為學生代表之一。但是他們依然沒有達成
請願的目的，並且在一九一一年一月將號召各省罷課、要求速
開國會的「全國學界同志會」會長溫世霖遣戍新疆。李大釗對
於一年之內四次請開國會運動的失敗，感到非常無奈，而且也
開始傾向孫中山先生的革命派。他說道：

> 這次風潮，算立憲派運動失敗，而革命派進行越發有力，
> 從此立憲派的人也都傾向革命派。⑥

---

⑥ 李大釗：〈十八年來之回顧〉，《李大釗文集》（下），頁700。有
關清末預備立憲及請開國會運動的史實，可參閱郭廷以：《近代
中國史綱》（香港：中文大學出版社，1989年），頁371-379；而
有關李大釗參與請開國會運動的史實，可參閱《李大釗史事綜
錄》，頁36-44；以及李大釗：〈十八年來之回顧〉，《李大釗文
集》（下），頁693-702。

　(2) 北洋法政學會與《言治》月刊的創立

　　一九一二年秋冬之際，李大釗與幾位同學在天津成立了
「北洋法政學會」。這個學會的組織設有評議部、調查部、編輯
部、庶務部，並且也有出版該學會的刊物，也就是《言治》月
刊。一九一三年四月一日，《言治》月刊正式出版，李大釗是
該學會的編輯部長，因此《言治》月刊的出版對他而言，不但
是學會成員發表政治見解的園地，同時也是他闡述自己對於國
家政治理念的開始。這段期間內，中國的政治體制發生了極大
的變化，首先是孫中山先生辛亥革命的起義，推翻了滿清，建
立了亞洲第一個民主共和國──中華民國，孫先生也成為臨時
大總統。但此時的清朝依然存在，袁世凱又掌握清朝的內政外
交大權，孫先生為了要使清帝退位，並且經由和平途徑，早日
實現共和的理想，於是便與袁世凱交換條件，也就是袁世凱如
果能早日讓清帝退位，孫先生便向參議院推舉袁世凱為臨時大
總統。一九一二年二月十二日，清帝宣布退位，孫先生也立即
實現了他對袁世凱的承諾，於二月十三日向參議院辭職，並推
薦袁世凱為臨時大總統，而在二月十五日，參議院也選舉了袁
世凱為臨時大總統。但是，袁世凱雖然達到了他的目的，國家
混亂的局面依然沒有解除。李大釗面對國家這種紛擾的情形，
便在一九一二年六月寫了〈隱憂篇〉一文，並且在一九一三年
六月一日發表在《言治》月刊上。他在〈隱憂篇〉中指出「邊
患、兵憂、財困、食艱、業敝、才難」為民國初年的六大隱憂
之處，並且強調這六大隱憂若「不早為之所，其貽民國憂者正

巨也」。⑦這不但是說明民國初年政治與社會潛伏的內在現象，同時也是對袁世凱政府未來的發展作出忠告。但是袁世凱政府似乎是讓李大釗失望了，因為李大釗將此文發表在《言治》月刊時，文末附有一則按語，而此按語帶著他滿懷的感歎。他歎道：

> 按：斯篇成於民國元年六月，迄今將及一紀，黨爭則日激日厲，省界亦愈畫愈嚴。近宋案發生，借款事起，南北幾興兵戎，生民險遭塗炭。人心詭詐，暗殺流行，國士元勳，人各恐怖，……環顧神州，危機萬狀，撫今思昔，斯文著筆時，猶是太平時也。⑧

李大釗的這段按語，說出了在袁世凱統治下的中華民國，真的是一日不如一日！同時他在這段按語中，也道出了兩件袁世凱的劣行。一是在一九一三年三月二十日，密刺國民黨代理事長宋教仁於上海，另一是在一九一三年四月二十六日，他未經國會同意，便擅自與英、法、德、俄、日五國銀行團簽訂了「善後大借款」的合同，總金額二千五百萬英鎊。這兩件事情引起了國民黨內部的不滿，但是因為袁世凱擁有一切的軍事資源，所以國民黨仍對袁世凱按兵不動。但是袁世凱在密刺宋教仁之後，更是恣意地表現出他專制獨裁的一面，他不但控制國會修訂中華民國的第一部憲法，好讓他可以在正式憲法產生之

---

⑦ 見《李大釗文集》（上），頁1。
⑧ 見《李大釗文集》（上），頁3。

前，便可先成為正式大總統，另外同時還在一九一三年六月
間，罷去了李烈鈞、胡漢民、柏文蔚三位都督的職務，這的確
是讓國民黨忍無可忍，於是在一九一三年七月十二日，國民黨
糾合袁世凱以上的罪狀，開始了二次革命。但是由於袁世凱在
戰前已有完善的準備，所以二次革命便在九月一日結束並宣告
失敗，而袁世凱也輕鬆地在十月六日被國會選為正式大總統，
並在十月十日舉行總統受職典禮。在這段時間之中，李大釗雖
然在一九一三年六月從北洋法政專科學校畢業，但是在他畢業
前後，也不斷地在《言治》月刊上發表他在這段期間所作的政
治觀察，包括他利用自己在校所學到的政治學說理論，發表自
己對中國初期憲政發展的看法，如〈一院制與二院制〉、〈論
憲法公布權當屬憲法會議〉、〈法律頒行程序與元首〉、〈歐洲
各國選舉制考〉、〈各國議員俸給考〉。這不但是李大釗形成自
己初步政治理論的開始，同時透過自己本身對民國初年政治局
勢的觀察，他也逐漸意識到袁世凱政府的專制跋扈，是無法讓
人民有安居樂業的生活。他說道：

> 共和自共和，幸福何有於吾民也！
> 幸福者，少數豪暴狡獪者掠奪之幸福，非吾民安享之幸福
> 也！⑼

他這種愛民族、愛國家的心，又再次使他想到報考北洋法

⑼ 此二語見〈大哀篇〉，《李大釗文集》（上），頁4、6-7。

政專科學校的初衷，就是要「急思深研政理，求得挽救民族、振奮國群之良策」，因此他自北洋法政專科學校畢業之後，希望能用自己在學校所學得的新式思想，來喚醒廣大的中國人民，於是他先與幾位同學到北京辦了幾個月的報紙之後⑩，便決定到日本留學了。

三、留學日本時期的李大釗（1914-1916）

㈠留學日本的動機

李大釗在北洋法政學校中，學到了西方完善的法治理論，特別是在學校課程的安排上，全部都以日文教學的方式，更使得他的外語能力具有相當高的水準。而自學校畢業之後，他仍然繼續關心著國家目前及未來各種變化發展的動態，也增強了自己那種憂國憂民的意識，正如他在〈獄中自述〉裡所說的：「隨政治知識之日進，而再建中國之志趣亦日益騰高。」⑪是，畢業後的李大釗，原本可以憑著他優厚的學歷及豐富的法政學識，去開展他個人的政治生涯，可是經過一番細心思量，他還是決定去日本留學。因為他覺得自己畢業後「仍感學識之不足」⑫，所以他仍然希望可以在自己既有的學識基礎上，再多下點工夫。可是他為何想去日本，而不留在國內深造呢？這與他在北洋法政專科學校的求學有著密切的關係。因為在這所

---

⑩ 見〈我的自傳〉，《李大釗文集》（上），頁114。

⑪ 見《李大釗文集》（下），頁888-889。

⑫ 同前註，頁889。

教育新式學科的學校中，不斷地湧入了來自世界各地的新知
識、新思想，因此李大釗可以說是吸取了四面八方的新學問，
並且在他的腦海中逐步形成了寬闊的世界觀。這個寬闊的世界
觀，不但使他的思想不拘泥於某種特定的形式，並促使他想要
去認識外面這廣大的世界，開拓自己的視野，去尋找救國救民
的良策。再者，他在北洋法政專科學校中，對於授教於他的日
本學者非常仰慕推崇，如吉野作造⑬、今井嘉幸⑭，在政治思
想上給予他極大的影響，所以他也很想到日本這個鄰國去了解

⑬ 吉野作造（1878-1933），政治學者、思想家。宮城縣人。東京大
學畢業。1906年（明治39年）應袁世凱聘請任教於北洋法政專
門學校。1909年任東京大學副教授，歐美留學後任教授。1916
年（大正5年）發表〈論憲政本義及其貫徹之途徑〉為大正民主
運動提供了理論基礎。他主張民本主義，提倡實現建立在言論自
由和普選基礎上的政黨政治。在對外政策方面，批判帝國主義的
侵略政策，並主張改革樞密院、貴族院、軍部等特權機關。1924
年進朝日新聞社積極發表政治評論，後因筆禍而退社。又創立明
治文化研究會，研究明治時期的政治、思想與文化，編輯出版
《明治文化全集》。在這期間，還致力於成立東京大學新人會、社
會民眾黨。有關吉野作造的生平傳記，參見《李大釗史事綜錄》，
頁84。
⑭ 今井嘉幸（1878-1951），愛媛縣人，法學博士，日本大正民主運
動時期普選運動的領導者。東京帝國大學畢業，與吉野作造關係
良好。1908年2月，經吉野作造推薦，到北洋法政專科學校任
教。辛亥革命後，與孫中山先生交往，1913年二次革命失敗後回
日本，在大阪從事律師職業，並從事著述，研究中國問題。1916
年春，應蔡鍔之聘再次到中國，曾為廣東軍務院法律顧問。1917
年回日本，為日本「日中國民協會」成員，同情中國革命黨，主
張以大亞細亞主義為基礎，建立日中親善聯盟。後為日本政府
「中國通」議員。著有《支那國際法論》第一卷、《建國後策》等
書。有關今井嘉幸的生平傳記，參見《李大釗史事綜錄》，頁84-
85。

日本的政治發展。另外，留學最重要的一環，便是語言因素，
這對李大釗而言，自然也是不成問題的，因為他在北洋法政專
科學校每天所受的日語訓練，已經等於是在日本學校上課一
般，而且他在北洋法政學會的時候，也曾與幾位同學合譯日人
中島端所著的《支那分割之運命》一書。因此，在這些條件的
促使下，又「受友朋之助」⑮為他籌措學費，於是他便決定到
日本留學了。

㈡早稻田大學的求學生活

1. 李大釗在早稻田大學的學習概況

　　李大釗在一九一四年九月進入早稻田大學大學部政治經濟
學科一年級。在日本接受中國留學生的大學中，早稻田大學是
要求比較嚴格的一所學校。當時留學日本的中國學生，絕大部
分都無法直接進入日本較高級的學校，因為日本的學校要求留
學生必須要先在大學的先修預科班中，先修習過一年的日語訓
練及普通各科，來作為修習正式本科前的準備；而在通過先修
預科班之後，又必須在正式本科修業兩年之後，才可以進入大
學部修業。早稻田大學在這方面的要求是極嚴格的，因此要進
入早稻田大學大學部的中國留學生，如果沒有相當的準備，就
必須要先經過預科、本科三年的學習，這樣才能成為該校大學
部的學生。在前文已經提到，李大釗在北洋法政專科學校已經
具有相當不錯的日語和其他各學科的基礎，所以在早稻田大學

---

⑮ 見《李大釗文集》（下），頁889。

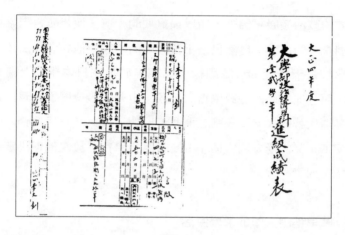

成績表

審核並承認他的資格後，他便順利地進入該校的大學部。根據
早稻田大學的「學籍表」以及「大正四年度（1915）大學部政
治經濟學科第一、二學年進級成績表」記載他的學習概況是這
樣的⒃：

「李大釗學籍表」（略）

入學：大正三年九月八日（1914），大政一科（大學部政
　　　治經濟學科一年級）。

修業：大正四年七月五日第一學年。

退學：大正五年二月二日。

_____

⒃ 請參閱《李大釗史事綜錄》，頁99-104 ，以及北京大學圖書館、
　首都博物館編：《紀念李大釗》（北京：文物出版社，1985年，
　無記載頁數），圖片24 。

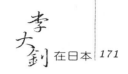

事由：長期欠席除名。

「大正四年度大學部政治經濟學科第一二學年進級成績表」

姓名：李大釗

學號：84

課程成績：

教授姓名	課程內容	考試成績
浮田和民	國家學原理	77
美濃部達吉	帝國憲法	75
天野為之	應用經濟學	85
鹽澤昌貞	經濟學原理（財政）	65
浮田和民	近代政治史	70
秋野菊之助	民法要論	60
井上忻治	刑法要論	55
吉田已之助	政治經濟學原著研究	40
伊藤重治郎	古典經濟學原著研究	87
宮井安吉	英文練習	66
秋野謙次郎	論文	56

總分：766 分　平均：66.90 分　名次：40　成績：丙

　　由上述的資料可以看出，李大釗在早稻田大學正規的學習
時間只有一個學年，也就是一九一四年九月八日至一九一五年
七月五日。在這一學年中，他完成了所有學校規定的課程。該
學年於五月二十七日停課，五月二十八日至六月四日複習，六
月五日至十五日考試，李大釗在這段時間內一方面從事反對

「二十一條」的活動，一方面又必須接受學校規定的學科考試，而且一門也不缺考，的確是非常難能可貴。一九一五年九月，他開始了第二學年的學習。但是他因為國內討伐袁世凱的事情，所以在一九一六年一月底回國到上海，兩週後即返回東京。二月二日，學校當局以「長期欠席」為由，將他「除名」，也就是退學。因此李大釗第二學年的實際上課時間大概只有四個多月。⑰另外，李大釗的學習成績雖然評定為丙，並且在一百零六人中排行第四十，嚴格說來並不是相當好的成績，但是如果考慮到在一百零六個考生中，還有六個人不及格，三十七個人因為考試科目不足而需要補考的情況下⑱，就不難想像他在百忙之中是多麼認真的努力學習，並且參與所有修習科目的考試了。

　　2. 李大釗在早稻田大學所從事的活動（1914.9.8-1916.2.2）

　　李大釗不管是自北洋法政專科學校畢業之後，或是到日本去留學，無時無刻都在關心著中國政局的變化。另外，自從袁世凱當上了正式大總統之後，他也擔憂著袁世凱專制獨裁的性格不知道會將中國帶入什麼樣的境地。果然袁世凱在當上正式大總統之後，便開始利用職權來擴大自己的勢力。首先他想要做的事，就是將國民黨所主持的第一屆正式國會解散。其實，中華民國第一屆國會在此時有兩項最重要的工作，一是要「制憲」，制憲的目的是使國家有基本的法則可以保障人民的權

---

⑰ 請見《李大釗史事綜錄》，頁87。

⑱〔日〕森正夫著，韓一德、劉多田譯：〈李大釗在早稻田大學〉，《齊魯學刊》1987 年第1 期（1987 年1 月），頁74。

利,同時防止國家遭受外來勢力的侵略。另一項工作就是「選舉總統」,而且選舉總統的時間必須是要在憲法產生之後,依據憲法中所規定的「總統選舉法」而產生。但是正如前文所說過的,這項工作在進行的時候,已經被袁世凱先進行干預,所以他可以在憲法產生之前,先成為正式大總統,然後他開始利用自己的特權去影響國會,修出一部屬於自己(或是說適合自己)的憲法。因此,就在他就任正式大總統的第六天,便向國會提出增修約法案,要求擴大總統的權力。可是當時國會的憲法草案已經脫稿,所以國會不可能通過袁世凱的提案。這對於袁世凱來說,實在是非常氣憤,因為國會不通過他所提的增修案,他就不能擴大自己的權力,這樣一來,他就必須要遵守憲法的規定而不能為所欲為。因此他開始在所有的政府首長面前斥責國民黨把持憲法起草委員會,而國民黨所擬定的憲法草案,是國會專制下侵奪政府權力的成果,如此足以影響國家的治亂興亡。所以他在一九一三年十一月四日,宣布國民黨為「亂黨」,並勒令解散,同時取消四百三十八位國民黨議員的資格,自此國會不足法定人數,無法開會議事,實際上的國會已經名存實亡。到了一九一四年一月十日,袁世凱便正式下令停止國會議員職務,於是中華民國第一屆的正式國會便宣告解散,而他再也不用受任何法律的約束。一九一四年七月二十八日,第一次世界大戰爆發,日本也於同年八月二十三日對德宣戰。但是日本對德宣戰的目的,是為了想要藉機入侵中國,因此日本並不派兵去歐洲,反而覬覦德國在中國山東的地盤,並且日本要求中國劃黃河以南地區,供日、德軍交戰,而日軍也

順利地攻佔濟南、青島及膠濟鐵路全線，取代了德國在山東的
地位而進入中國。此時的袁世凱，正開始露出稱帝的野心，他
於一九一四年十二月二十九日公布「修正大總統選舉法」，將
總統的任期年限延長為十年，並且可以連選連任，直到自己想
要退休為止。日本侵入中國之後，急欲擴大自己的勢力範圍，
也深知袁世凱非常想要稱帝，於是便在一九一五年一月十八
日，由日本駐華公使日置益向袁世凱提出喪權辱國的「二十一
條」要求⑲，來作為交換條件，如果袁世凱答應了這項要求，
日本也會保障他的地位，並且替他除去反對他稱帝的國民黨

---

⑲ 日本所提的「二十一條」要求共分為五號，內容如下：第一號為
關於山東者，中國允許日本承繼德國在山東一切權利，山東省內
及其沿海土地、島嶼，不得讓與或租與他國；煙台或龍口至膠州
鐵路，由日本建造；開山東省內主要城市為商埠。第二號為關於
南滿、東蒙者，中國承認日本在該地的優越地位；旅順、大連租
借期及南滿、安奉兩鐵路管理期展至九十九年；日本得在南滿、
東蒙享有土地租借權、所有權，為蓋造商工業房廠及耕作之用，
自由居住往來，經營商工礦業；中國如允他國在南滿、東蒙建造
鐵路，或向他國借款建造鐵路，或將稅課作抵向他國貸款，或聘
用政治、軍事、財政顧問、教習、皆須得日本同意，吉長鐵路歸
日本管理。第三號為漢冶萍公司作為中日合辦，屬於該公司各礦
的附近礦山，不准他人開採。第四號為中國沿海港灣、島嶼，概
不讓與或租與他國。第五號為關於全部中國者，中國政府須聘用
日人充政治、軍事、財政顧問；中國警察作為中日合辦，或聘用
多數日人；中國所需軍械的半數以上，向日本採辦，或中日合辦
軍械廠；中國允給內地所設醫院、寺廟、學校以土地所有權；中
國允由日本建造武昌至九江、南昌至杭州、南昌至潮州鐵路；日
本對於福建籌辦鐵路、礦山、整頓海口（船廠在內），有優先投資
權。見《李大釗史事綜錄》，頁117；並參見李權興等編：《李大
釗研究辭典》（北京：紅旗出版社，1994年），頁473、823-
825。

員，以及包括取締在日本反對他稱帝的革命黨和留日學生。此時在日本留學的李大釗聽到了這個消息之後，立即與兩千餘位留日學生在二月十一日下午，在神田的青年會館冒雨舉行大會，並且號召朝鮮舉國一致反對日本的侵略，並且成立了留日學生總會，而李大釗並受留日學生總會之託，撰寫了〈警告全國父老書〉一文。但是留日學生總會卻被袁世凱政府以妨礙留學界治安為由，派駐日公使陸徵祥於二月二十六日命令解散。⑳李大釗所寫的這篇〈警告全國父老書〉，不但痛斥日本自甲午戰爭以來的侵華事實，同時也道出了列強瓜分中國的卑劣手段。他同時也認為日本這次對德宣戰「非報德也，非助英也，蓋欲伺瑕蹈隙，藉以問鼎神州，包舉禹域之河山耳」。對於「二十一條」要求的態度，他更是認為「凡茲條款，任允其一，國已不國」，「此日本乘機併吞中國之由來，吾人所當鏤骨銘心，誌茲深仇奇辱者也」。文末並且告知國人今日救國「首須認定中國者為

〈警告全國父老書〉書影

---

⑳ 見〔日〕富田昇著，韓一德、劉多田譯：〈李大釗在日本留學時代的事蹟和背景〉，《齊魯學刊》1985 年第 2 期（1985 年 3 月），頁 87-88。

吾四萬萬國民之中國，苟吾四萬萬國民不甘於亡者，任何強
敵，亦不能亡吾四萬萬國民未死以前。必欲亡之，惟有與國同
盡耳」，而且還要「智者竭其智，勇者奮其勇，富者輸其才，
舉國一致，眾志成城」，集結所有中國人的力量來面對中國現
在的危局。最後他希望「願我國民，從茲勿忘此彌天之恥辱可
耳。」㉑李大釗這種號召民眾奮起自救，誓死反對日本帝國主
義侵略的文章，除了揭露了「二十一條」的鄙劣本質之外，同
時也對袁世凱的行為感到相當痛心。

　　袁世凱知道日本所提出的「二十一條」要求，茲事體大，
所以不斷地與日本交涉。但是日本想要趕快在中國獲得優勢，
發展自己的勢力範圍，於是在一九一五年五月七日下午三時，
對袁世凱發出最後通牒，限當日下午六時之前，答應第一至四
號要求，第五號中關於福建問題，屆時若無滿足答覆，則將採
必要手段。袁世凱接到這最後通牒，只好接受，並於五月九日
承認最後通牒的要求，這就是著名的「五九國恥」，並且在五
月二十五日，依據「二十一條」要求的內容，簽訂了「中日新
約」，從此日本的勢力範圍，正式擴及山東、福建、長江與中
國沿海，並強化了南滿、東蒙的勢力。此時的李大釗在知道消
息之後，氣憤不已，立即在六月編印了《國恥紀念錄》，並撰
寫了〈國民之薪膽〉一文。他在文中一開始就闡明中國對日關
係中的三件「痛史」，也就是甲午（甲午戰爭）、甲辰（日俄戰
爭）、甲寅（日本藉口對德宣戰侵佔山東），他希望中國人民對

㉑ 見〈警告全國父老書〉，《李大釗文集》（上），頁115-124。

這三件「痛史」要「鑴骨銘心」並「紀其深仇大辱」、「沒齒不忘」，同時也號召國人應以「曹沫雪辱，勾踐復仇」的精神，「蘊蓄其智勇深沈剛毅果敢之精神，磨煉其堅忍不拔百折不撓之志氣」，爭取中國光明的前程。另外他更對青年寄以厚望，他希望「吾輩學生，於國民中尤當負重大之責任」，並且「持之以誠毅」，如此便可對中國「將有偉大之功能事業」。[22]這些對青年期許的文字，也正如他自己的親身寫照。

　　「二十一條」要求的風波雖然過去了，但是袁世凱稱帝的野心仍然持續在進行著。他希望以民意推戴的方式來實現他稱帝的美夢。他先授意他的美籍憲法顧問古德諾（F. J. Goodnow）在輿論上為他宣傳帝制，因此古德諾發表了〈共和與君主論〉一文，並刊登在八月三日的《亞細亞日報》。古德諾在文中的結論為君主制較共和制適合於中國，並使袁世凱引為藉口，聲稱美國政治學家也贊成君主制適行於中國；另外袁世凱的日本顧問有賀長雄，也發表了〈共和憲法持久策〉，說明中國必須由袁世凱來當皇帝總攬大權。八月十四日，由楊度、孫毓筠、李燮和、胡瑛、嚴復、劉師培六人所組成的「籌安會」，替他的帝制運動作學理上的宣傳。九月，梁士詒組織「全國請願聯合會」，以聯合各地的請願團體來要求變更國體。十月，袁世凱公布「國民代表大會選舉法」，同時選出的國民代表，並在當地由「軍政長官」的監督下，舉行國體投票。十一月十五日，一千九百九十三位國民代表全體一致贊成君主立憲，推戴

---

[22] 見〈國民之薪膽〉，《李大釗文集》（上），頁130-140。

袁世凱為「中華帝國皇帝」，並委託參政院為總代表，上「推戴書」勸進。十二月十一日，參政院將所有「推戴書」上奏，於是袁世凱便在十二日宣布承受帝位，十三日接受百官朝賀，三十一日下令改民國五年（1916）為「洪憲元年」。在日本的留學生聽到這個消息之後，立即號召全體留學生於一九一六年一月十六日召開緊急大會，恢復了留日學生總會㉓，來商量進行討袁事宜。二月二日，留日學生總會正式成立，並設置評議、執行兩部，李大釗被推選為文事委員會編輯主任，而他也在此時與部份留日同學成立了「神州學會」，出版《神州學叢》，「以喚起國民自覺，圖謀國家富強」為宗旨。㉔袁世凱稱帝之後，國內的討袁聲浪不斷，並開始討袁的運動。一九一五年十二月二十五日，唐繼堯、蔡鍔、李烈鈞於雲南宣布獨立，並組織「中華民國護國軍」討袁，護國軍聲勢浩大，不斷擊潰袁世凱的軍隊，袁世凱自知帝位不保，遂於一九一六年三月二十二日下令撤銷帝制，發還推戴書，停止籌備事宜，並於二十三日廢止「洪憲元年」的國號，繼續作回他總統的職務。但護國軍知道袁世凱一日不離開總統職務，就會繼續他專制獨裁的暴行，於是堅持要黎元洪繼任總統，袁世凱自知大勢已去，心力交瘁，乃於六月六日病逝，而退位之爭也就此結束。

3. 離開早稻田大學時期的活動（1916.2.2-1916.5）

㉓ 李大釗留學日本期間，曾先後組織了兩個留日學生總會，第一個是1915年2月為反對「二十一條」而組織，並遭袁世凱解散；第二個是1916年1月為討袁稱帝而組織，不可混淆。
㉔ 見《李大釗史事綜錄》，頁126-133；並參見註㉔，頁91-93。

李大釗在一九一六年一月底因討袁之事回上海，在上海滯留兩週回到早稻田大學後㉕，得知自己已於二月二日被學校當局以「長期欠席」為由而「除名」，於是便離開了早稻田大學，繼續在留日學生總會擔任文事委員會的編輯主任，並且主辦學會的刊物，也就是《民彝》雜誌。一九一六年五月十五日，《民彝》出版了創刊號，李大釗也在該期發表〈民彝與政治〉一文，但此時的他已不在東京。㉖他這篇文章首先解釋「民彝」的含義。《詩‧大雅‧烝民》有云：「天生烝民，有物有則。民之秉彝，好是懿德。」他認為「民彝」就是國民之神器，國民之倫常，國民之法規，也是心理的自然，同時也是人固有的本能，因此政治是「民彝」的集中表現，而「民彝」則是權衡真理的尺度，所以「民彝」是推動歷史前進的動力。然而中國地大物博，人口眾多，本應富足強大，走向世界先進之列，但為何今日中國「神衰力竭，氣盡能索」，國難民災接踵而來，到底原因何在？他反覆思索之後認為是「君主專制之禍耳」，因為他認為「民與君不兩立，自由與專制不並存，是故君主生則國民死，專制活則自由亡」，所以他希望君主專政不要再重出於中國，要「永絕其萌，勿使滋蔓」，如此「再造神州之大任始有可圖，中華維新之運命始有成功之望也」。並且要中國人民「善用其秉彝，以之造福邦家，以之挽回劫運」，因為「國家前途，實利賴之矣」。㉗李大釗在這篇文章中

㉕ 同註⑳，頁93。
㉖ 同前註。
㉗ 見〈民彝與政治〉，《李大釗文集》（上），頁153-176。

強調著「眾庶」的重要，也成為他日後重要的思想之一。

李大釗除了編輯《民彝》雜誌之外，也在神州學會內負責
事務。神州學會以「研究學術，敦崇氣節，喚起國民自覺，圖
謀國家富強」為成立宗旨，並以分科研究、舉行演講、編撰書
報為學會主要活動。神州學會在每個星期六都會舉行定期演
講，以討論祖國政治及世界大勢為內容，同時並將演講記錄及
撰述，刊登於《神州學叢》中。另外，李大釗也與幾個同學組
織了「中國經濟財政學會」，並任該會的「責任會員」。可惜李
大釗在這兩個組織的活動並沒有留下太多的資料。㉘

四、留學日本後李大釗主要的活動

㈠創辦刊物，推闡新思想

李大釗一九一六年五月自日本回國到一九一七年十一月進
入北京大學的這一段時間中，辦報、編雜誌是他這段時期主要
從事的工作。李大釗深知，要傳播新思想，只有靠辦刊物才是
最快速，同時也是最深入的方式，而且這也是他最拿手的事。
從早期在北洋法政專科學校主辦《言治》月刊，到留學日本時
擔任留日學生總會的文事委員會編輯主任，他所主辦過的刊物
都有一定的影響力。因此在這一年半的時間中，他參與過《晨
鐘報》、《憲法公言》、《言治季刊》、《甲寅日刊》的創辦與
編輯工作。除了編輯這些刊物之外，他也在這些刊物上發表了

㉘ 有關神州學會與中國經濟財政學會的成立經過，可參閱《李大釗
史事綜錄》，頁126-136。

九十多篇的文章,可以說是他個人生涯中著述最多的時期。

李大釗於一九一六年七月在北京主編《晨鐘報》,八月十五日,《晨鐘報》創刊號出版。他在創刊號發表了〈《晨鐘》之使命——青春中華之創造〉一文,並在文中說明「青年者,國家之魂,《晨鐘》者,青年之友。青年當努力為國家自重,《晨鐘》當努力為青年自勉,而各以青春中華之創造為唯一之使命,此則《晨鐘》出世之始,所當昭告於吾同胞之前者矣」。㉙由此可見他對於青年們高度的期許。但是好景不常,二十多天後與同仁們在政治意見上發生分歧,於是發表〈李守常啟事〉聲明辭職,並說明以後「所有編輯部事項,概不負責」。㉚《晨鐘報》於一九一八年九月因披露段祺瑞向日本大借款消息而遭停刊,並於同年十二月改組為《晨報》繼續出版,一九二八年六月五日正式停刊。

離開《晨鐘報》後的李大釗,馬上接下了《憲法公言》雜誌編輯部的工作。該刊以「闡明憲法之精微,助長法律思潮以蕩滌專制邪穢,為湧現一盡善盡美之民國憲法」為宗旨。㉛在一九一六年十月一日《憲法公言》第一期上,李大釗發表了〈國慶紀念〉一文,此後又在一九一六年十月二十日至一九一七年一月十日於該刊發表了〈制定憲法之注意〉、〈省制與憲法〉、〈憲法與思想自由〉、〈矛盾生活與二重負擔〉諸文。㉜

㉙ 見《李大釗文集》(上),頁182。
㉚ 見〈李守常啟事〉,《李大釗文集》(上),頁217。
㉛ 見《李大釗史事綜錄》,頁143。
㉜ 見《李大釗文集》(上),頁218-254。

一九一七年一月，李大釗又參加《甲寅日刊》的編輯工作，並於一月二十八日發行創刊號，該報的前身為《甲寅》雜誌。《甲寅日刊》到六月張勳復辟前停刊，一共出版一百五十期。李大釗在《甲寅日刊》一共發表了六十九篇文章，其中大多是分析世界大戰的原因，還有介紹歐洲和俄國革命運動的文章。

在此同時，李大釗也參加編輯《言治季刊》，該刊是《言治月刊》（1913 年 4 月至 11 月）的繼續，內容性質依然不變，仍然是北洋法政學會所出版的刊物。但是後來因為經費問題，僅出版三期即告停刊，而北洋法政學會也從此解散。

對李大釗而言，這些刊物的創辦不但是他發表自己正式言論的開始，特別是他留學日本之後在思想上所受的啟發，也都在這些文章中湧現出來。他通過對世界局勢的觀察，逐漸對中國、日本、俄國、歐美的政治、外交、經濟等各方面發展情形，有著更深一層的體認，而這些也都是他在日本留學時，利用課餘時間大量閱讀所形成的思想。因此在這段編輯刊物的時期中，可以說是李大釗思想發展的成熟期。

㈡任職北大，從事各種活動

李大釗在一九一七年十一月至一九二六年三月任職於北京大學。在這段長達八年左右的時間，他在北京大學不但出任圖書館主任，參與教學工作，同時也指導各種社團的活動，繼續闡發著他的新思想。

一九一八年一月，李大釗正式出任北大圖書館主任。北大

圖書館原稱「藏書樓」，自民國成立後便改為今天的名稱。在他任職於圖書館的期間，他參與並發起我國的第一個圖書館協會，組織圖書館的講習班，熱心倡導圖書館的專業教育工作。同時他也從理論上闡明了學校圖書館工作的性質和作用。㉝在中國的圖書館事業中，他可以說是將從前藏書樓的書閣轉變而為具有近代圖書館規模的奠基者與開拓者。一九二○年七月八日，李大釗升為教授，並開始他的教學工作。一九二二年十二月二日，離開圖書館主任的職務，轉任北大校長室祕書。

李大釗除了在北大擔任行政工作之外，也不斷地在各種刊物上發表文章，並且還指導社團的活動，如一九一八年十月二十日成立的「國民雜誌社」；在「新潮社」中擔任顧問；發起「少年中國學會」，並曾在該會擔任評議員，也擔任過該會刊物《少年中國》的編輯部主任、編譯部編譯員；創立「北京工讀互助團」，幫助靠著半工半讀維持學業的窮苦學生。㉞另外，李大釗在這段期間內最重要的事是編輯了《新青年》及《每週評論》這兩份刊物，並且為此投注了相當大的心力。《新青年》原名《青年雜誌》，由陳獨秀於一九一五年九月所創辦，並自二卷一期（1916 年 9 月）開始改稱《新青年》，李大釗的名篇——〈青春〉，就是發表在本期上。㉟當時的《新青年》，高舉著科學與民主的口號，在中國興起了一場前所未有的新文化運

㉝ 見〈在北京高等師範學校圖書館二週年紀念會演說辭〉、〈美國圖書館員之訓練〉，《李大釗文集》（下），頁166-168、491-500。
㉞ 有關李大釗指導社團活動的文獻資料，請見《李大釗史事綜錄》，頁375-417。
㉟ 見《李大釗文集》（上），頁194-205。

〈青春〉書影

動。一九一八年一月，李大釗加入了《新青年》的編輯工作，並與魯迅、胡適、錢玄同、沈尹默、陳獨秀在《新青年》中一起共事。隨著新文化運動的不斷發展，新舊思潮的論爭也日趨激烈，李大釗為了闡述他的東西文明觀，於一九一八年五月十五日的《新青年》發表了〈新的！舊的！〉一文，強調「宇宙進化的機軸，全由兩種精神運之以行，正如車有兩輪，鳥有兩翼，一個是新的，一個是舊的」，而且「這兩種精神活動的方向，必須是代謝的，不是固定的；是合體的，不是分立的」，如此「才能於進化有益」。如果「新的嫌舊的妨阻，舊的嫌新的危險」，那麼如何能「急起直追，逐宇宙的文化前進呢」？因此他希望青年能「打起精神，於政治、社會、文學、思想種種方面開闢一條新徑路，創造一種新生活」，去包容舊的文

化，使舊的文化「不妨害文明的進步」，也讓舊文化能「享受新文明的幸福」。㊱由此可以看出李大釗的獨到見解。

為了密切配合第一次世界大戰結束後迅速發展的國內外政治形勢，以補《新青年》在這方面的不足，李大釗與陳獨秀決定創辦《每週評論》㊲，並以「主張公理，反對強權」為發行宗旨。《每週評論》從一九一八年十二月二十二日創刊，到一九一九年八月三十一日遭軍閥政府封閉為止，一共出過三十七期。該刊在新文化運動和五四運動中，發揮了相當大的作用。第一次世界大戰結束之後所舉行的巴黎和會，《每週評論》也發揮著它的作用，並以極大的篇幅報導會議進展的情況。在五四運動爆發之前所發行的第十八、十九兩期，揭露了曹汝霖、章宗祥、陸宗輿的賣國行徑。五四當天的第二十期，更以醒目的標題報導了山東問題。五四運動爆發後，從第二十一期開始，一連五期用全部或大部分篇幅詳細報導和評論五四運動的發展。五月十八日，李大釗發表了〈秘密外交和強盜世界〉一文，說明我們的仇敵不只是侵略我們的日本，而是整個「強盜世界」，要「把這強盜世界推翻」。㊳另外，在五四運動進行到最高潮的時候，他還與陳獨秀等到北京南城散發〈北京市民宣言〉的傳單。㊴六月十日，曹、章、陸三人被免職；六月二十八日，中國代表拒絕在巴黎和會上簽字，五四運動也獲得了圓

㊱ 見《李大釗文集》（上），頁537-540。
㊲ 見《李大釗史事綜錄》，頁370-371。
㊳ 見《李大釗文集》（下），頁1-3。
㊴ 見《李大釗史事綜錄》，頁418-429。

滿的結果。

㈢積極促進中日人民的交往

當中國五四運動蓬勃開展的時候，日本也出現了一個「大正民主主義運動」。大正民主運動在日本歷史上被稱為「大正德謨克拉西（democracy）」，它是日本大正年間（1912-1926）由中產階級及知識分子發動，以反對軍閥專制、擁護憲政為中心的民主運動。這個運動的領導者正是曾經在北洋法政專科學校教過李大釗的吉野作造。一九一八年十二月，在東京大學擔任教授吉野作造成立了「黎明會」，展開了大正民主運動。李大釗得知後立即寫了封信給吉野作造，並寄去了他剛創辦的《每週評論》。吉野很快的就回信給李大釗，並在信中說「尚乞遙為聲援，不勝切盼」，於是李大釗就在一九一九年二月十六日，在《每週評論》寫了一篇〈祝黎明會〉作為聲援。一九一九年五月十五日，黎明會的刊物《解放》發行創刊號，吉野也很快的寄贈李大釗。另外在中國的五四運動中，吉野也支持著五四運動，並在《中央公論》、《新人》、《解放》、《東方時論》等刊物上發表論文，表達他對中國五四運動的聲援。這兩位師生之間的情誼，以及對民主運動的奮鬥，促使兩人在五四運動期間舉行了雙方互訪的活動。一九二〇年四月，在李大釗多方的努力之下，北大組成了學生訪日團，並由李大釗領隊。五月五日，北大學生訪日團一行五人，到達東京，展開了為期一個月的訪問活動，並在六月十六日回到北京。同年八月，日本亞細亞學生會訪華團抵達北京。二十日下午，「由北大圖書

館主任李守常先生介紹與學生聯合會接洽」，中日兩國學生在北大舉行了茶會，彼此相談甚歡，最後合影留念。李大釗與吉野作造如此為民主運動的支持與奉獻，使他二人的師生情誼更加深刻，而且李大釗在從事中日兩國人民友好的活動上，可以說是作了一次成功又有意義的示範。⑩

五、結語

在清末民初這段多事之秋的時期，知識分子在面對西方新式思想的衝擊下，不但認識到自己國家的日趨衰微，同時也希望自己的國家可以掃除積弊，奮發圖強，再次進入世界列強之林。但是知識分子一次次的失望，因為自己的國家仍然沒有在各種失敗中記取教訓，依然故我，造成生靈塗炭，百業蕭條的情況，而且在政治上又無法拯救中國於危難之中，更使得國家遭受列強的侵略，割地、賠款，極盡喪權辱國之能事，以獲得一個狹小的喘息空間。這些劣行看在知識分子的眼中，永遠也無法在腦海中抹去。因此他們要救亡圖存，為自己的國家爭一口氣，因為他們知道要人民生活安定，政治廉潔清明，才可以建造一個真正安定繁榮的國家。於是他們不停地閱讀並翻譯各種新式書籍，舉辦各種刊物，來闡揚新思想，因為他們要喚醒中國廣大的民眾，一起來為自己的國家開創美好的前程。李大

⑩ 有關本段敘述的文獻資料，請參見《李大釗史事綜錄》，頁430-441；並請參見王曉秋：〈五四時期的中日文化交流〉，《日本學》第2輯（北京：北京大學出版社，1990年3月），頁107-124。

釗就是這樣一點一滴累積著自己對民主運動的熱愛，並且號召
著所有的中國青年「抵制列強之壓迫」㊶，努力不懈地為自己
國家的前途奮鬥，使自己的國家可以早日「恢復民族自主，保
護民眾利益，發達國家產業」。㊷正如他自己在臨終前所說
的：「釗自束髮受書，即矢志努力於民族解放之事業，實踐其
所信，勵行其所知」㊸，以「謀國計民生之安康與進步」㊹為
自己一生奮鬥的原則和目標！

參考書目

李大釗選集　人民出版社編　北京　人民出版社　1959 年

李大釗文集　李大釗著，袁謙主編　北京人民出版社　1984
　年 10 月

李大釗傳　李大釗傳編寫組　北京　人民出版社　1979 年

回憶我的父親李大釗　李星華著　上海　上海文藝出版社
　1981 年

回憶李大釗　中國革命博物館編　北京　人民出版社　1980 年

紀念李大釗　北京大學圖書館、首都博物館編　北京　文物出
　版社　1985 年

李大釗年譜　楊樹升等編　石家莊　河北人民出版社　1981 年

㊶ 見〈獄中自述〉，《李大釗文集》（下），頁890 。
㊷ 同前註。
㊸ 同前註，頁893 。
㊹ 同前註。

李大釗年譜　李大釗年譜編寫組編　蘭州　甘肅人民出版社
1984 年

增訂李大釗文獻目錄　丸山松幸、齊藤道彥編　東京　汲古書
院　1980 年

李大釗生平史料編年　張靜如等編　上海　上海人民出版社
1984 年

李大釗史事綜錄　北京大學圖書館、北京李大釗研究會編　北
京　北京大學出版社　1989 年

李大釗研究辭典　李權興等編著　北京　紅旗出版社　1994 年

李大釗研究論文集　韓一德、王樹棣編　石家莊　河北人民出
版社　1984 年

李大釗研究文集　中共中央黨史研究室科研局編　北京　中共
黨史出版社　1991 年

李大釗研究　李大釗研究編輯部編　石家莊　河北人民出版社
1991-1993 ，1995 年

李大釗早期思想和近代中國　朱成甲著　石家莊　河北人民出
版社　1989 年

李大釗哲學思想研究　許全興著　北京　北京大學出版社
1989 年

北京大學與五四運動　蕭超然著　北京　北京大學出版社
1995 年

相關文獻

駱為龍　　李大釗同志在日本留學的日子

　　　　　北京日報　1982 年 6 月 28 日

富田昇著，韓一德、劉多田譯　李大釗在日本留學時代的事跡

　　　　　和背景

　　　　　齊魯學刊　1985 年第 2 期　頁 85-95　1985 年 3 月

韓一德　　李大釗留學時期史實和思想軌跡的考察

　　　　　北京社會科學　1988 年第 3 期　頁 51-58　1988 年

韓一德　　李大釗留學日本時期的史實考察

　　　　　近代史研究　1989 年第 1 期　頁 303-311　1989 年

　　　　　1 月

董寶瑞　　留學日本在李大釗一生中所起的作用

　　　　　河北學刊　1990 年第 1 期　頁 43-46　1990 年

後藤延子著，劉助億譯　日本的李大釗思想研究

　　　　　國外中共黨史研究動態　1990 年第 5 期　頁 27-31

　　　　　1990 年

李助億編譯　戰後日本關於李大釗思想的研究

　　　　　黨史研究與教學　1990 年第 6 期　頁 69-73　1990 年

張惠才編譯　李大釗留學日本時期的新史料

　　　　　黨史研究資料　1991 年第 5 期　頁 20-23　1991 年

安藤彥太郎著，胡建編譯　日本留學時代的李大釗

　　　　　國外社會科學快報　1991 年第 8 期　頁 80　1991 年

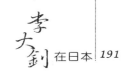

董寶瑞　　　留學日本對李大釗一生所起的作用

　　　　　　李大釗研究　第 1 輯　頁 158-167　1991 年 4 月

後藤延子著，劉桂雲譯，劉多田校　留學日本時期的李大釗

　　　　　　（1914-1916）

　　　　　　李大釗研究　第 1 輯　頁 168-179　1991 年 4 月

王小梅摘編　李大釗思想研究在日本

　　　　　　李大釗研究　第 4 輯　頁 125-128　1993 年

吳漢全　　　留學日本與李大釗早期思想的發展

　　　　　　徐州師範大學學報（哲學社會科學版）　2000 年

　　　　　　第 4 期　頁 17-20　2000 年 12 月

朱鏡宙　　　李大釗埋葬了少年中國學會

　　　　　　傳記文學　第 23 卷第 2 期　頁 42-44　1973 年 8 月

韓凌軒　　　李大釗與少年中國學會

　　　　　　北方論叢　1980 年第 5 期　頁 102-105 轉頁 128

　　　　　　1980 年

馬建白　　　李大釗青年時期思想的轉變與政治活動

　　　　　　東亞季刊　第 11 卷第 4 期　頁 137-157　1980 年 4 月

任光椿　　　訪日本東京李大釗同志舊居

　　　　　　主人翁　1982 年第 12 期　頁 30　1982 年

森正夫著，韓一德、劉多田譯　李大釗在早稻田大學

　　　　　　齊魯學刊　1987 年第 1 期　頁 74-75 轉頁 46　1987

　　　　　　年 1 月

劉民山　　　李大釗留日回國後來津次數與革命活動初探——紀

　　　　　　念李大釗英勇就義六十週年

天津史志　1987 年第 2 期　頁 38　1987 年

王朝柱　李大釗東渡之前

紅岩春秋　1991 年第 5 期　頁 9-13　1991 年

賈天運、劉愛和　李大釗赴日留學時間考

近代史研究　1995 年第 2 期　頁 280-282　1995 年
3 月

朱文通　李大釗赴日本留學時間辨析

近代史研究　1996 年第 2 期　頁 279-284　1996 年
3 月

董寶瑞　高築神州風雨樓——李大釗與神州學會會友易象

黨史縱橫　2001 年第 3 期（總第 181 期）　頁 4-7
2001 年

呂萬和　李大釗與吉野作造

人民日報　1979 年 10 月 7 日

劉民山　李大釗與幸德秋水

近代史研究　1995 年第 4 期　頁 253-261　1995 年
7 月

野原四郎　關於李大釗的「日本論」

中國近代思想史研究會會報　第 2 號　1959 年 11 月

呂明灼　李大釗留學日本時期抗日倒袁思想的特點——兼評
陳獨秀在這一問題上的錯誤主張

破與立　1978 年第 3 期　1978 年

富田昇　李大釗日本留學時代的思想形成——關於「民彝」
概念的確立

集刊東洋學　第51號　頁106-122　1984年5月

楊樹升　李大釗在日本接觸社會主義思想考

黨史資料通訊　1987年第10期　頁29　1987年

韓一德　李大釗與日本社會主義同盟

遼寧師範大學學報（社會科學版）　1988年第4

期　頁69-70　1988年

李權興、張春伶　試論日本學者對李大釗早期哲學思想的影響

李大釗研究　第1輯　頁144-157　1991年4月

後藤延子著，王青譯，韓一德校　李大釗與日本文化——河上

肇與大正時期的雜誌

李大釗研究　第2輯　頁129-143　1992年

吳漢全　早期新文化運動中的李大釗與外國學術思想

社會科學研究　2002年第2期　頁120-126　2002

年3月

田漢在日本

陳蕙文 *

一、前言

　　田漢是中國現代戲劇活動和文化藝術的開創者之一，他一生所從事的戲劇活動，與中國新興文藝——「話劇」發展亦步亦趨，甚至被譽為「半部中國話劇史」，成為中國現代文學史和戲劇史無可取代的里程碑。由於成長環境的影響，田漢不僅十分重視傳統戲曲，尋求戲劇精神，從中繼承與革新；更是善於吸收外國新思潮、新藝術，融會貫通之後，積極發揮在自己的創作之中，推展具有民族化特色的戲劇。

　　不啻遭逢五四時期的狂風熱潮，當時正赴日留學的田漢又深受西方各種文學流派、文學思潮的衝擊，如王爾德、波特萊爾的「新浪漫主義」、廚川白村的「苦悶象徵」，或是文藝復興時代的莎士比亞，浪漫主義的歌德、席勒；在戲劇方面也有「近代戲劇之父」的易卜生，直到西方現代派藝術。田漢比起當時中國的知識分子擁有更多認識世界的機會，通過田漢這樣

*　陳蕙文，中興大學中國文學系碩士生。

典型的藝術家、文學家、戲
劇家，提供當時中國文壇一
個重要的世界文化輸入源，
年輕時學習西方，揉合中
外，歸國後積極策劃和參與
文藝活動，話劇、戲曲·、電
影、詩歌或是文藝譯論，身
為新時代新青年的箇中翹
楚，組織創造社、創辦南國
月刊，活動頻繁，在三十年
代發生一次關鍵性的思想轉

田漢 像

向，加入左翼劇作家聯盟。抗日時期奔走鼓吹愛國戲劇，同歐
陽予倩、洪深三人並列中國話劇文學的奠基者。但儘管愛國憂
民如田漢，最終仍是難逃中國那場政治、文化與主義的血腥風
暴，以遭控叛黨叛國的莫須有之罪，身繫囹圄而慘死。事隔多
年的追悼會上，茅盾公開頌揚田漢是「革命戲劇運動的奠基人
和戲曲改革運動的先驅者，又是我國早期革命音樂、電影的傑
出的組織者和領導人」①，評價可謂公允。

---

① 茅盾：〈傑出的無產階級文化戰士──田漢（在田漢同志追悼會
　上的悼詞）〉，收入《田漢文集》（北京：中國戲劇出版社，1983
　年11月），頁1。

二、家學背景

　　清光緒二十四年（1898）三月十二日，田漢出生於湖南省長沙縣東鄉茅坪，原名壽昌，亦即長壽永昌的美意。田家先祖世代務農，由河南遷居湖南。家境尚可，到曾祖父田美華時家道中落。祖父田桂泉為人忠厚，父親田禹卿自小甚愛讀書，後因家貧廢學，轉行廚師，十八歲起在湖南岳州、邵陽、衡州一帶當廚師，對家中事也不大過問。母親易克勤，自小「七歲麻，八歲紗」，勤儉耐勞，百苦無悔。十六歲嫁入田家之後，也成了整個田家家務的總指揮，除了日常生活的食衣瑣事、奉養公婆和持管家務之外，易克勤也開始調度家中人手採桑養蠶、紡紗織絹，讓原本一度蕭條的田家，經濟再度好轉。二十歲曾生一子，但不到三個月便夭折。二十六歲又得壽昌，祖父為求壽昌順利成長，便將他寄養在觀音菩薩名下，做個小和尚，乳名和兒。

　　由於父親田禹卿輟學的遺憾，加上母親易克勤自小便陪伴自己的親弟弟易象就學，見父親對易象如此苦心栽培，望子成才，因此也對讀書求知懷抱夢想，所以儘管田家經濟總是不寬裕，但田母仍堅持讓壽昌上學，做個有學問有知識的人。於是六歲的壽昌被送到附近的私塾，啟蒙先生是秀才王益謙。後來因為田母要到陳家沖工作種田，壽昌也就轉學到王紹羲門下，讀書識字和精神思考都受到相當大的啟發。九歲那年，被外祖父帶到黃獅渡，由叔外公易雨生執教，讀書作文日益精進。父

親卻在此時因肺病病逝，家中生計頓時落在辛勞的母親身上，父喪和分家的打擊，又讓求學之途荊棘滿佈，面臨籌不出學費的窘境，所幸在易象的救濟資助之下，壽昌到新塘橋張家私塾繼續讀書，在那兒第一次遇到外國傳教士，首次嗅到《馬可福音》之類洋紙書籍特有的石油氣味，也讓壽昌見識到世界上除了經書賢傳之外，還有另一種教條在傳播。

一九○八年，壽昌十歲，年初即因家貧再度輟學，常隨弟弟田洪、田源上山砍柴，因常去山廟仙姑殿玩耍，得識廟中王道人。道人藏書頗豐，除道書外還收有小說筆記如《綠野仙蹤》之類，壽昌時常借閱小說筆記回家閱讀，道人對小小的他竟懂其書，感覺十分奇異，於是次日盤查考問，沒料到壽昌竟能應答如流，因此對他特別喜愛。仙姑殿一帶森木茂密，常有猛虎出沒，有關老虎的傳說甚多，這也是日後田漢創作《獲虎之夜》話劇的素材來源。同年因清政府廢止科舉，各地多闢廟宇為學校，當時東鄉楓林港的清源庵也改建成一座「洋學」──初等小學，在外祖父的支持下，壽昌入學就讀，每週回家一次。學校的課程除文言文外，另有地理、歷史、算術等，壽昌在此得到接受現代化知識的教育機會。

十一歲那年經清源庵老師推薦，進入長沙選升高等小學就讀，時逢辛亥革命的前後，民主革命思潮洶湧，而湖南長沙第一師範正是這進步思潮的重鎮。於是次年因為長沙學術界在革命黨人影響下，不滿清廷腐政，要求改革的呼聲甚高，一些散佈新思想的報刊如《民報》、《新民叢報》紛紛在校園中流傳，四月時又因水災，釀成長沙搶米亂潮，各縣各地發生飢民

暴動，四處火燒巡撫衙門、長沙稅關、外商洋行、銀行或天主
教堂，壽昌目睹一切，十三歲時以學生的身份力挺「保路風
潮」，集體罷課，走上街頭作即興演講。下半年與同學柳之
俊、陳劍五、張伯陵四人投考修業中學預科，衝著國勢顛危的
一股熱血，一夥人把名字給改了，恰稱為「英、雄、懷、
漢」，田漢之名遂終生定之。此時喧騰動盪的中國爆發劃時代
意義的辛亥革命，湖南革命黨人焦達豐起義響應，田漢對中國
改革終於來到雀躍不已，此時又因武漢戰事告急，湖南軍政府
號召組織學生軍援鄂，田漢遂瞞著母親，「以必死的志願」參
加了隊伍。一九一二年一月南北議和，學生軍解散。二月田漢
考入長沙師範學校，受到校長徐特立的關心照顧，徐校長為人
高風亮節，特愛提攜後輩，讓田漢這五年的教育資源不致匱
乏，可以安安穩穩地畢業。

　　一九一四年田漢十六歲，與表妹易漱瑜（舅父易象與前妻
所生之女）排除家境清寒的困難，在易象力主下訂婚。十八歲
畢業於長沙師範學校，田漢雖想繼續大學深造，但迫於龐大學
費，也不願連累終年勤苦的母親，所以再一次陷入兩難困境。
所幸易象此時恰好當上湖南留日學生的經理員，所以便安排田
漢隨他去日本留學。告別了家鄉的母親和熟悉的長沙，踏上了
未知的遠行之路。田漢一生精彩，也就此展開。

三、留學日本

　　一九一六年秋日，田漢隨易象在臨去日本之前，首先來到

繁華、奔騰又不失旖旎風韻的大上海，異風異土，首開眼界。經易象引見拜會革命前輩黃興和邵力子等人，易象是同盟會會員，參加過孫中山領導的辛亥革命，也是愛國的南社詩人，眾人相談甚歡，黃興對這位後生俊才也十分稱許。九月，抵達日本東京，與易象同住在東京小石川茗荷谷町湖南經理處，初期是在易象的指導下自學研究，易象希望他能拓展社會和經濟方面的相關知識，並學習海軍技術，後又考取東京高等師範，入文科第三部學習英文。並在易象的啟迪下開始注意一些社會問題，蒐集報刊上的經濟資料，撰寫〈俄國革命的經濟原因〉一文，發表在《神州學叢》，引起同住在東京亦是易象好友的李大釗注意，並獲得來信鼓勵。剛到日本頭兩年的田漢較關注社會政治問題，但田漢自小在家鄉深受傳統戲曲的薰陶，對於戲劇的興趣已萌芽，到了日本之後，恰巧是日本新劇如日中天的盛況，文化資源暢通無阻的日本，經常有西方各時期、各流派戲劇大師的作品資訊湧入這個豐偉島國，對來自資訊貧瘠落後的中國的田漢，勢必是大開眼界。因此酷愛文學和戲劇的田漢，逐漸發現自己背離易象之意，最後決定朝向劇作家、文學家、藝術家之路邁進。

一九一九年中國近代著名的五四愛國運動，新文化運動夾帶汪洋巨浪，聲勢浩大席捲海內外，就讀於東京師範學校的田漢在東京與沈懋德、易家樾等加入少年中國學會，並開始自己真正的戲劇文學的研究。陸續在《少年中國》月刊上發表詩文或外國文學譯作②，趁暑假歸國省親，在上海訪宗白華、康白清等，回到長沙才得知因為政局腐敗、生靈塗炭，家鄉的同

學、叔嬸、姨媽多人顛沛流離、家破人亡，震驚的田漢在易象的支持下，帶著已訂婚約的表妹易漱瑜同赴日本，途經上海，再訪宗白華，同遊新世界聽劉翠仙唱京韻大鼓，受到相當大的感動，後來也以此作為《歌女與琴師》的素材。

一九二〇年因宗白華的居中引線，田漢得識郭沫若，三人建立通信聯繫，五月田漢更積極前往福岡初訪郭沫若，二人促膝長談，並同遊博多灣、梅花勝地太宰府、西公園，參觀工業博覽會，在太宰府照相時，二人刻意擺出歌德與席勒並肩銅像的姿勢，儼然以中國的歌德、席勒自期。田漢此年的著作亦豐，已有專書《平民藝術家評傳》，分為十章，除概論、結論外，分別評述惠特曼、左拉和羅丹等八位藝術家。另與宗白華、郭沫若合著《歌德研究》，均由少年中國學會作為該會叢書出版。③

一九二一年二月，舅父易象受孫中山之命，由上海到長沙策劃革命行動，卻被軍閥趙恒惕所殺害，使田漢對封建軍閥深惡痛絕，並作〈白梅之園的內外〉一文以為悼念。易象是早期影響田漢最深遠的人，在求學困境中屢伸援手，並提供日本留學的機會，讓田漢成為中國文壇一顆閃亮的新星，可以名列中

---

② 1919 年發表在《少年中國》的作品有：〈平民詩人惠特曼的百年祭〉、〈秘密戀愛與公開戀愛〉、〈第四階段婦女運動〉、〈談尼采的「悲劇之發生」〉和〈古戰場〉譯作、〈梅雨〉和〈朦朧的月亮〉詩歌。

③ 1920 年發表有〈詩人與勞動問題〉、〈新羅曼主義及其他〉、〈俄羅斯文學思潮之一瞥〉、〈吃了智果以後的話〉，譯作〈歌德詩中所表現的思想〉及新詩數首。

國劇壇的開山祖師之一。易象逝世後，田漢對孤苦無依的易漱瑜負起照顧的責任，並遷至江戶西郊的月印精舍。六月下旬，與郭沫若、成仿吾、鄭伯奇、郁達夫、張資平等在郁達夫寓所聚會，眾人同意以「創造」的名目創辦文學刊物，並暫時以季刊形式推出，此次會議，意味「創造社」的正式成立。暑假又參加具有社會主義性質的文藝組織——可思母俱樂部（Cosmoclub 可譯為宇宙俱樂部），在聚會中結識日本著名戲劇家秋田雨雀，從此注意研究他的劇作，開始接觸民主主義和社會主義。一九二二年，二十四歲的田漢上半年仍在日本東京，十月偕妻子易漱瑜歸國，經左舜生介紹，任職編輯於上海中華書局。一九二七年七月，為拍攝影片《南京》，再赴日本東京聘請攝影技術人員。在兩個星期的旅行中，訪問了谷崎潤一郎、秋田雨雀、佐藤春夫、菊池寬、金子光晴等日本老友，結識了日本文藝界著名作家野口米次郎等多人，順道考察了日本築地小劇場、電影、戲劇及新聞事業。④

四、留日期間的文壇交遊

㈠三葉情誼

　　田漢在日本東京的時候，透過宗白華與同在東京的郭沫若結識，希望二人攜手成為東方未來的詩人。頻繁的魚雁來往，

---

④ 以上田漢生平主要參考吳孟鏗編：〈田漢年表〉，《廣西大學學報》（哲學社會科學版）1984 年第 2 期（1984 年），頁87-98。

建立深刻的友誼，志趣相
投地探討近代劇、藝術、
人生觀、宇宙觀、哲學、
文學、時世觀感和婚姻戀
愛等議題，誠實真摯地分
享彼此秘密，分享近代戲
劇本的閱讀心境，計劃合
組一個「歌德研究會」，
在理想與現實的衝突中，
三人相勉成為嶄新中國的
第一等人才。田漢和宗白
華同是少年中國學會的發
起人，心中都有同樣強烈

《三葉集》書影

的企圖，就是以中國有志少年的身分改造當前的中國現況，脫
離半封建半殖民的腐敗黑暗，以與列強並駕齊驅。一九一九年
文人相會，一見如故，主張契合，當時宗白華正主編《時事新
報》的副刊《學燈》，同時兼任少年中國學會會刊《少年中國》
的編輯，田漢和郭沫若的詩文都是經他之手發表的，他更以愛
才之心為兩人引見。田漢初次拜訪郭沫若，便熱情洋溢地談藝
術、談劇作、談批評、談外國名著，也將胸中未來大計全盤托
出，要當一位戲劇家、批評家、詩人、翻譯家，要向中國引進
梅特林克的《青鳥》、王爾德的《莎樂美》和莎士比亞等世界
文學大作，說著說著，又邀郭沫若一同翻譯《海涅詩集》，向
廣大的中國人民介紹。彷彿久違故友，絲毫沒有矯揉造作之

態，對於郭沫若來說，田漢是一位有點天馬行空的夢想家。

「三葉」是一種三葉蟲生的植物，用作比喻三人友情結合之象徵。《三葉集》由田漢匯集三人的往來信札，宗白華加以補充修訂，交由上海亞東圖書館於一九二〇年出版。內容豐富，見識精深，中外詩文、戲劇、哲學信手拈來，都在字裏行間或抑或揚，飛天遁地，藉以窺得五四前後知識青年狂喜、沮喪、熱情的種種精神面貌。

> 我們苦悶、探索、反抗，在信中談人生，談事業，談哲
> 學，談詩歌和戲劇，談婚姻和戀愛等問題，……互相傾訴
> 心中的不平，追求著美好的理想，自我解剖，彼此鼓勵。
> 我們的心像火一樣熱烈，像水晶一樣透明。⑤

書信不僅可以溝通友誼和意見主張，交換彼此近況和學問，筆者也可藉由書信省思和抒懷言志。在給郭沫若的信中，田漢表明一生除做熱心的文藝批評家外，第一熱心是做戲劇家，並認知到藝術家一方面應把人生的黑暗面暴露出來，排斥世間一切虛偽，立定人生的基本；一方面更當引人潛入一種藝術的境界，使生活藝術化，即把人生美化，使人家忘卻現實生活的苦痛，而臻於一種渾然陶醉之境，才是能盡其能事。⑥書

---

⑤ 宗白華：〈秋日談往——回憶同郭沫若、田漢青年時期的友誼〉，
　　收錄在田壽昌、宗白華、郭沫若：《三葉集》（合肥：安徽教育出
　　版社，2000年10月），頁105-106。
⑥ 見《三葉集》，頁55-71。

信中坦誠盡性的抒志敘懷，不難發現早期田漢的立志初衷。

(二)日本文壇

初到日本的田漢，最早接觸的外國文學作品，是當時在《時事新報》連載的戀愛小說《螢草》，出自日本新進作家久米正雄之手。這對當時正與易漱瑜熱戀的田漢，是一場驚奇新鮮的體驗。

> 日本文學家之被棄於女子，而嘗宣其失戀之情於其文學者，明治文壇有國木田獨步，大正文壇中，有久米正雄。久米正雄之失戀，因為他在大學的時候，便愛了他的先生、故文豪夏目漱石的女兒筆子了。但筆子不能酬他的愛，卻和他的情敵——雖是同學——松岡穰結婚。久米被棄，乃一泄其失戀之苦於他的長篇小說《螢草》，於楮墨之間，對他的戀人和情敵復仇，頗為痛快。此小說連載於早之四年前的《時事新報》，甚得一部份讀者的同情，稱其小說為「失戀之聖書」。我當時居茗荷谷町之湖南經理處，也為愛讀之一人，時東京生活為日尚淺，除二三冊教科書外，迄未嘗接日本文壇新進作家的作品，接之則自《螢草》始。⑦

一九二〇年代初期也是日本電影界萌芽階段，大量的歐洲

---

⑦ 摘自《薔薇之路》1921 年 10 月 28 日，收入田漢：《田漢全集》（石家莊：花山文藝出版社，2000 年 12 月），第 20 卷，頁 266。

　　名片引進日本，田漢恰巧碰上如此難得的機緣，遂成了一位
「電影迷」。第一次欣賞便十分感動的影片，是梅麗馬克拉倫主
演的《靴子》，片中描述一位漂亮的百貨公司店員，因為貧窮
買不起靴子而顯得困窘，讓入戲頗深的田漢掬了好幾把眼淚，
甚至想把銀行的錢分一半給她。後來又同友人觀賞《義大利建
國史》、《好戰將軍》、《卡列的市民》、《卡利格里博士的私
室》，無論是史詩般磅礡或是尖銳怪幻的感官刺激，都帶給田漢
相當大的震撼，也藉以開放一扇放眼歐洲、窺視他國的窗子。

　　除了電影藝術之外，田漢也見識到日本的近代劇。例如在
一九一八年九月八日起為期五天於東京歌舞伎座舉辦藝術座和
公眾座的聯合公演，藝術座演出的戲碼是霍普特曼原作、楠山
正雄翻譯的《沉鐘》；公眾座演出的是松居松葉根據蘇德曼原
作《故鄉》改編的《神主之女》。一九二〇年二月又與好友鄭
伯奇相約觀賞公眾座所演出的梅特林克的《青鳥》，使田漢
「長了許多見識，添了許多情緒，發了許多異想」。⑧一旦看戲
的狂熱被引爆，接觸文學名著的慾望也隨之而來，對於窺探異
國異鄉風貌的好奇心也隨之漲高。反映在《薔薇之路》日記
中，便是有空就逛書店，購買文學名著，如秋田雨雀的《國境
之夜》、莎士比亞的《哈姆雷特》、易卜生的《群鬼》、約翰沁
孤的《騎馬下海的人》、楠山正雄的《近代劇概論》、吳文炳的
《日本演劇史論》和國木田獨步的《不欺日記》等，尤其是秋
田雨雀的《國境之夜》讓田漢愛不釋手，如遇知音，推敲此劇

---

⑧ 見《三葉集》，頁69。

的中心思想，旨在攻擊個人主義，其反面便是力倡社會主義。

　　為了吸收異域文化的滋養，田漢對日本文藝界動態時時關懷，積極參與日本戲劇界的各種集會，走訪日本作家，親受其教。一日，田漢從報上得知東京幾個劇作家將於有樂座舉行大講演會，其中有久米正雄、菊池寬、岡本綺堂、小山內薰等人，都屬當時日本戲劇運動中的一時之選，對田漢著實有著莫大的吸引力，因此田漢決定破費「入場料」三角錢，到有樂座親聞見解，也瞻仰文人風采。演講會上有小村欣一提出〈縮短演劇時間論〉、岡本綺堂談論東京明治以來演劇的變遷和戲劇心得等，特別是菊池寬〈舞台上的真與假〉主張「劇場中演者與觀客之間隱然有一種約束，便是我們當真的演，你們當真的看，否則一切戲劇都不能成立」。田漢日後持續對這些劇作家保持關注，如在《菊池寬劇選》序言中，曾明白表達他對菊池寬和芥川龍之介二位的看法：

> 菊池和芥川龍之介、久米正雄、江口渙等同為「新思潮」
> 的同人。（「新思潮」之出現與「白樺」相前後，其在日
> 本文壇的勢力亦與白樺派同人相伯仲。）菊池與芥川交最
> 密，而性情主張不一致。芥川承夏目漱石的遺緒，其藝術
> 近於藝術至上主義。菊池為日本藝術家中有數的
> moralist，其藝術於藝術固有的價值以外，必賦予一種社
> 會的價值。⑨

---

⑨（日）伊藤虎丸監修，小谷一郎、劉平編：《田漢在日本》（北
　京：人民文學出版社，1997年12月），頁12。

　　田漢在《三葉集》中很明白地表示，他是通過日本的介紹
認識歐洲現實主義的近代劇。透過造訪日本當時著名的戲劇家
秋田雨雀和文學家佐藤春夫，和閱讀楠山正雄的《近代劇概說》
來瞭解歐洲近代劇的發展，特別研究莎士比亞和易卜生的戲劇
以及其他形式的近代劇，如家庭劇、象徵劇、問題劇和社會劇
等，與翻譯小山內薰所撰之《日本新劇運動的經路》，並積極
收集戲劇腳本達五十幾種，在在顯現田漢對戲劇領域的求知渴
切。在戲劇界尚是初生之犢的田漢，與當時日本作家交往獲益
頗深，其中又與廚川白村和佐藤春夫最密切。一九二〇年三月
田漢便與廚川白村有過一次貼身受教的機會，暢談甚晚始歸：

> 我曾問他三四個重要的問題，都給了很滿足的答覆。他對
> 我國的新文壇，繫望很殷，並且希望我們「少年中國」的
> 新藝術家多事創作，心中若是想要寫什麼，便馬上要寫出
> 來，莫管他好和歹。因為思想不同別物，若不用它它便要
> 臭起來。又說，翻譯事業，固然要緊，在建築自然主義，
> 最好多譯易卜生的。尤推薦我們譯 Dostoievsky（陀斯妥也
> 夫斯基）的作品，說日日言社會改造，畢竟是要從個人改
> 造起，他的藝術能令人為深刻的反省啊。⑩

廚川特別鼓勵田漢，身為一位創作者，最重要的是發揮自我，
盡力創作，而休管評論家們的是非毀譽。田漢能得文學大師的

---

⑩ 田漢：〈新羅曼主義及其它──復黃日葵兄一封長信〉，收入《田
　漢全集》，第14卷，頁176。

砥礪親炙，尤其廚川又是頗負盛名的唯美派文學理論家，擁有
《苦悶的象徵》和《出了象牙之塔》等文藝名著，對青澀時期
的田漢而言，具有思想啟發的重大意義。

　　田漢在《薔薇之路》日記中，也有一段記敘他與佐藤春夫
之間的交游，一九二一年十月十六日，田漢應佐藤之邀再訪：

> 佐藤君要那坐在正中的客，拿一本書給他，他轉遞給我，
> 說這是他最近的短篇集。我看紅綾為脊紫紙為面，而顏中
> 格曰：《幻燈》，其第一篇便是以前在《改造》上發表過
> 的《黃五娘》。我們從《黃五娘》身上，才談起興頭來，
> 由此談到中國的傳說，談到中國的翻譯界、創造界，談到
> 日本的明治文學、大正文學的大家，談到戲曲，談到詩
> 歌，談到介紹日本文學的要點。談到興闌的時候，夕陽已
> 滿窗了。……今日的談話，為近來有數的快談，佐藤君的
> 印象，亦為近來滿意之印象。⑪

二人交換彼此的文藝和創作心得，佐藤讚賞田漢創作《不朽之
愛》的計畫，並鼓勵創作日文小說，田漢拜讀佐藤春夫很多作
品，並翻譯其《田園之憂鬱》和《殉情詩集》，將佐藤視為東
京相交的好友之一，歸國之後仍保持聯絡，佐藤甚至遠渡中
國，探訪田漢和走訪名勝。日後田漢曾撰〈佐藤春夫評傳〉一
文，描述其人之生平、藝術成就和戀愛體驗，以及在日本文壇

---

⑪《薔薇之路》1921 年 10 月 16 日，收入《田漢全集》，第20 卷，
　頁240-242 。

的地位和對中國的觀感。除了以上二位，田漢也有幸遇訪谷崎
潤一郎，初識時田漢以為他的中國觀相當庸俗，與日本實業家
和眾議院議員們並無多大區別，同郭沫若都相當失望，但隨著
接近的機會增多，也漸漸體會到谷崎氏特有的風格和趣味。

　　田漢留學日本期間，正值世變之際，俄國十月革命的成
功，如春風般吹拂著當時正苦於封閉、呼喚革命的中國青年，
激起田漢追求民主和改革的愛國熱情。從中國到日本，以文藝
學術的角度而言，田漢彷彿豁然開朗，在各種學者和學派思潮
杯觥交錯下，在日本的田漢一直是處於摸索階段，不放棄任何
機會，找尋最適合自己的道路。即使回到中國，這位文藝工作
者仍是一顆靈動不滯的滾石。

(三)學會組織

　　一九一九年中國境內爆發五四運動，此訊息傳到日本，讓
當時的留學生都相當激動也寄予無限嚮往，紛紛投入新文化運
動。此時田漢一面參加「少年中國學會」的活動，一面策劃
「創造社」的成立。「少年中國學會」是李大釗和王光祈等人
發起，於一九一九年七月一日在北京成立，主旨在為中國創造
新生命、開闢新紀元，「本科學的精神，為社會的活動，以創
造少年中國」，王光祈並作有精神歌曲：

　　少年中國主人翁，昂然獨立亞洲東。
　　環顧四鄰兄弟國，多在他人壓迫中。
　　朝鞭夕唾，弗如犬豕。

觀此不平，安能自己？

且上崑崙山，高呼起起起。⑫

宗白華和田漢先後加入《少年中國》，同時擔任《少年中國》月刊第二組編輯員，而當時的編輯主任正是李大釗。一九二〇年「少年中國學會」第二屆執行部對每個會員發出「終身志業調查表」。田漢當時在日本用英文回答了以下問題：

(1) 終身欲研究之學術

Art. （藝術）

(2) 終身欲從事之事業

Play Write. Poetry expression. Painting.（劇本寫作、詩創作、繪畫）

(3) 事業著手之時日及地點

Now. Here. （此時、此地）

(4) 將來終身維持生活之方法

Play Writer. Poet. Paintor. （劇作家、詩人、畫家）⑬

「少年中國」一時人才濟濟，先後有一百二十人入會，會員遍佈中國和歐美，追求新中國的到來。田漢也以一篇〈平民詩人

---

⑫ 轉引自劉平：《戲劇魂──田漢評傳》（北京：中央文獻出版社，1998 年 6 月），頁54 。

⑬ 陳明遠：〈田漢和少年中國學會〉，《新文學史料》1985 年第 1 期（1985 年 2 月），頁139-140 。

惠特曼的百年祭〉發表在《少年中國》的創刊號上，推崇惠特曼主張的美國精神和靈肉調和觀，深信民主主義才是解脫中國於苦難深海的靈藥。一九二一年九月，田漢與日本留學生郭沫若、成仿吾、郁達夫、張資平、鄭伯奇、穆木天等經常聚會討論文學，英雄所見略同，有心要辦「純文藝的雜誌」，於是合眾之力，聯名發

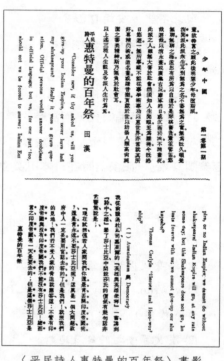

〈平民詩人惠特曼的百年祭〉書影

表《創造》季刊出版預告，聲稱：「創造社同人奮然興起打破社會因襲，主張藝術獨立，願與天下之無名作家，共興起而造成中國未來之國民文學。」而田漢的具體行動，便是將〈咖啡店之一夜〉和〈午飯之前〉獻給《創造》季刊。

五、田漢留日期間的戲劇之路

一九一一年辛亥革命後，整個中國依舊醞釀、期待著一場

破舊立新的變革,當時以《新青年》雜誌為首的知識分子,高舉民主與科學兩大旗幟,推動新文化運動的誕生,主張新道德,提倡新文學,讓一九一九年的五四運動破繭而出。五四風潮反映在戲劇領域上,便是提出「戲劇改革」,激進的知識青年甚至提出以西方現代戲劇全盤取代取中國傳統戲曲,移植西洋戲劇的新觀念、新方法、新形式,徹底改良中國戲劇。是故「五四以來現代話劇的建設,首先以開放的姿態大量吸收西洋現代戲劇技巧,揚棄戲曲傳統模式,建設起新的戲劇形態。數目眾多的翻譯劇本和改編移植劇本的出現,是中國話劇文學獨立形態形成的先導」。⑭

從小在傳統曲藝中汲取營養,直接或間接地被傳統曲藝所影響的田漢,身處這一片除舊立新的倒戈聲中,雖也痛心於傳統戲曲的思想落後、一成不變,但田漢提出的是「戲曲改良」而非全然否定,這一切可從他日後從事傳統劇作的改編得知。

我們由歌劇的影響之廣大與深刻,五四以來的資產階級歌劇運動的廢頹,必然將展開一個新興歌劇運動,在這個運動中對於大眾深切關係的一切音樂上的遺產如崑曲、皮黃以及民間歌曲都將被批判地轉變為新的樂曲的基礎。在這個重要的過渡期中,我也沒有忘記我們所能擔負的任務。⑮

⑭ 葛一虹主編:《中國話劇通史》(北京:文化藝術出版社,1990年4月),頁77。
⑮ 田漢:〈創作經驗談〉,《田漢文集》(北京:中國戲劇出版社,1983年11月),頁461。

㈠回首來時路

　　田漢自小生長在茅坪，戲劇活動相當頻繁，除了傳統湘戲之外，還有小孩子相當喜愛的木偶戲和皮影戲。逢年過節或是酬神祭典，附近的名刹古廟都常有戲班演出。這是湖南農民最重要的娛樂，也慰勞自己一年來的辛勞。田漢的家中長輩都很愛看戲，家族背景的潛移默化下，五、六歲的田漢更是常常穿梭在戲臺下，茅坪附近的洪山廟、金龍寺以及離外婆家不遠的真人廟，在特殊時節必上演大戲（湘戲）、影子戲（皮影戲）或木腦殼戲（木偶戲），田漢不僅愛看而且還會學著唱，親戚中有一位是唱影子戲的，常領著班子來村裏表演。見田漢喜愛，便常剪些影子戲人物送他，讓田漢邊耍邊唱，有時還拿著棍棒當槍，學戲裏人物的側面動作，自得其樂。外祖父也會帶田漢去真人廟看大戲，表演的是城裏來的戲班子，名老生陳紹益演的皇帽戲和名二淨羅德元演的《五台會兄》等戲，最讓田漢印象深刻。長大後的田漢對這段回憶懷念不已，認為這是段往事是他接觸戲劇的起點。⑯

　　求學之後，轉徙黃獅渡、成佛庵、新塘橋、楓林渡等處，所在多有名刹，接觸戲劇的機會益多，而成佛庵就在田漢家後面，每年春秋兩季庵裏演大戲，而每回演戲田漢必到，有一次上演《火燒鐵頭和尚》，火光一起，舞臺上用繩子吊著個假和尚，摔來摔去，嚇得田漢不敢睜眼。

---

⑯ 田漢：〈在戲劇上我的過去、現在及未來〉，《田漢文集》，頁435。

十一歲進城讀書，城裏已有京班，田漢也開始接觸京劇，特愛京班中的「三慶班」，認為三慶班的戲比起那死守規矩的漢班戲要來得浪漫得多，或是寫實得多，這也影響著田漢日後在首創劇作時採取了京戲的形式，亦即發表於《長沙日報》的《新三娘教子》，本劇採京劇傳統劇目《三娘教子》的套子改編，描寫一位丈夫在漢陽之役陣亡的寡婦，如何教子長成、繼承父志，盡忠盡孝於國家民族的故事。正當他在長沙師範上學之際，當時在中國劇壇聲名如日中天的歐陽予倩及其友人回長沙組織「文社」，在文廟裏演出文明新戲《熱血》，身無長文的田漢只能欣賞他們放在外面的布景，這是他第一次接觸新劇，雖然無緣目睹，但也算感受過。對田漢而言，當時的新戲還是高不可攀的藝術品。

田漢喜歡看戲，但常常因為沒有錢不得其門而入，所幸在十三歲那年加入學生軍，以學生軍身分，看了許多免錢的戲。在這許多戲中，最讓田漢震撼的是老鄉名伶陳紹益為慶祝湖南新軍在荊州勝利而演的新編劇目《血戰荊州》，熱血澎湃的他，第一次體驗到原來戲劇也能揮灑革命熱情。這提供了田漢《新桃花扇》的創意，抒發對時政不滿的憤慨情緒，本劇是按清傳奇《桃花扇‧聽稗》一齣而填，借柳敬亭說書，揭露日本帝國主義侵略之野心，鼓吹救國良方：一為排貨、一為儲金。

　　柳敬亭（拍醒木說介）：趕告列位，今日所說，不是別的，是這回亡國條件的大紀念，表明日本要求中國的野心以及中國自己救亡的法子。日本恃其堅甲利兵，不顧公

理，想獨吞中國。這回交涉，竟把我南滿、東蒙、福建等
地的權利全行奪去，其他奇恥大辱也說他不盡，實為中國
亡國的初步。中國國民如稍有心肝，不忍家破國亡，自甘
奴隸，斷不可不想法子自衛。……有能文的用文章刺戟人
心，有錢的用金銀堆起中國，有勇的負戟干戈以衛社稷，
有藝的興實業以厚民生。⑰

　　田漢創作初期，憑靠著一股青年的愛國正義的熱情，在傳統戲
曲題材中提煉革命民主的自我意識。這是最初關懷中國的田
漢，也是他一生堅持不移的道路。

　　十八歲時田漢要經上海赴日本，易象帶田漢來到上海的丹
桂第一臺看戲，戲目上有高百歲的《擊鼓罵曹》、小三麻子的
《贈袍》、王蘭芳的《陰陽河》、王靈珠的《辛安驛》，最後是麒
麟童——周信芳的《打嚴嵩》，對田漢來說是非常新奇的經
驗，也比在長沙所看的京戲更精彩。這晚初識的戲劇大師周信
芳、高百歲，也是他日後在戲劇領域共同前進的好伙伴。⑱

㈡日本的啓蒙之旅

　　現代話劇在中國的發生，肯定離不開外來文化的影響和衝
擊。話劇是西方文化結出的果實，中國人移植話劇的熱情主要
來自於西方戲劇情調的推動和誘惑；可是由於日本在地理位置
上與中國接近，文化傳統有不少相通之處，再加上近代日本文

---

⑰ 田漢：《田漢全集》，第7卷，頁13-19。
⑱ 參考劉平：《戲劇魂——田漢評傳》，頁30-38。

化也是在西方文化促動下發生變革的，這樣中日兩國文化的接觸相對要容易一些。中國人向日本學習，通過日本接近西方，也有了與接受西方影響大致相同的含義。⑲因此日本是培養早期話劇人才的大本營，絕大多數頗負盛名的演員或劇作家，都受過日本近代戲劇的藝術訓練和薰陶，同田漢是留日學生所組成的「春柳社」的曾孝谷、李叔同，或是歐陽予倩、馬絳士、吳我尊、李濤痕、謝抗白等，都在日本受過新派優人的指導。而田漢東渡之初，又恭逢日本著名文學家島村抱月和女演員松井須磨子主持藝術座運動的盛期，上山草人與山川浦路的近代劇協會活動亦多，在戲劇藝術上提供觀摩的對象；相繼發生的俄國十月革命、中國境內的五四運動，以及新文化運動的隨之而來，在思想開拓上激起繽紛多彩的火花。田漢陶然迷醉在這片文學和藝術的火花中，閱讀、創作、出入劇場，將世界各國著名的文學家、藝術家一併搜覽，對西方各種文藝流派兼採並蓄，廣採眾納，形成早期田漢複雜的創作思想。

在日本努力學習的田漢，一是通過報刊、雜誌閱讀新文學作品；二是購買世界文學名著；三是通過看電影、看戲等活動開闊自己的眼界，拓展自己的思路，吸取各方面的藝術營養。在日本新興文藝蓬勃發展之時，新劇也在戲劇改良運動中誕生，新劇劇團如雨後春筍般地出現，如文藝協會、自由劇場、藝術座、舞臺協會、無名會等等。為適應社會發展的需要，熱心於戲劇改革的日本戲劇活動家們，一方面在戲劇改良實踐中

---

⑲ 田本相主編：《中國現代比較戲劇史》（北京：文化藝術出版社，1993 年 6 月），頁6。

進行各種探索，創造出與歌舞伎不同的演劇形式；另一方面，
他們還大量翻譯歐洲各國著名劇作家的作品，以充實舞台演
出。當時，莎士比亞、易卜生、歌德、王爾德、霍普特曼、梅
特林克、契訶夫等作家的作品都日本舞臺上演出過，並產生了
很大影響。⑳這些外國文學藝術對田漢的影響是無遠弗屆且廣
泛持久的，在自覺或不自覺中滲透了田漢的戲劇創作。

　　首先是新浪漫主義，田漢在日本留學期間，接觸了新浪漫
主義文學思潮，藝術上重抒情、想像、象徵和人物內心世界的
刻畫。而和日本近代文學大師廚川白村及松浦一等也因密切來
往深受影響，從他們的著作接受了文藝的本質是「苦悶的象徵」
的詮釋，因為現代人類無不陷於精神與物質、靈與肉、理想與
現實的矛盾衝突中，就在外界物質力量與現實力量的牽扯中，
人的精神、靈、欲求、理想往往受到壓迫和束縛，釀成了普遍
大眾的人間苦，藝術家的任務就是將人間苦表彰出來，便是
「文藝」。

　　要求自由解放，昇華人間苦難為永恆的美。而田漢執意要
做的「中國未來的易卜生」，則是時代環境下最好的借鏡典
範，雖然「就其氣質和藝術個性來說，他是傾心於重抒情、重
想像、重藝術美的浪漫主義，特別是新浪漫主義流派的，但時
代的召喚和改造人生的使命感，卻使他日益自覺地向執著現實
人生的易卜生靠攏」㉑，現實主義的易卜生，對真實世界、社

---

⑳ 劉平：《戲劇魂——田漢評傳》，頁46-48 。
㉑ 田本相等：《田漢研究指南》（天津：天津教育出版社，1990 年
　10月），頁109 。

會人生的關注而創作寫實劇，由於性格中的浪漫想像，增添了
幾許戲劇魅力。

一九二〇年九月，田漢在日本東京寫成《梵峨璘與薔薇》
四幕話劇，自稱為處女作；同年又寫成《靈光》三幕話劇。一
九二一年冬完成《咖啡店之一夜》獨幕劇，一九二二年初寫成
《薛亞夢之鬼》獨幕劇。《梵峨璘與薔薇》、《靈光》和《薛亞
夢之鬼》三劇的共同點，便是田漢所欲表達改造社會的理念，
希冀突破社會中貧富對立的問題、物質和精神的衝突，尋求解
決之方，但顯然地田漢仍在思索更好的方式。田漢自言《梵峨
璘與薔薇》是一篇鼓吹 Democratic Art（民主藝術）的 Neo-
Romantik（新浪漫主義）的戲劇，卻不可否認是缺乏現實性的
失敗作品。因為他企圖以藝術之美去彌補現實之誤，讓原本成
天無所事事，只是抽抽大煙、打打牌、聽聽戲、娶娶小老婆的
富翁李簡齋，竟然一夜之間搖身一變成為「藝術保護者」的英
雄化身，慷慨解囊，資助窮苦有志的琴師秦信芳留法學藝，並
成全他和賣唱藝人柳翠的不渝愛情，其中儼然蘊藏著早期田漢
豐富的浪漫想像，生澀且多情。《靈光》中田漢則運用現實主
義和浪漫主義的交錯手法，對比「淒涼之境」與「歡樂之都」
的怵目驚心，喚起知識分子對於國難當頭、全力赴義的熱情。

《咖啡店之一夜》算是田漢早期較為得意的，也是屬於整
體五四時期的代表名劇，藉由咖啡店女侍應白秋英和鹽商之子
李乾卿的相戀悲劇，以天真少女之純情與富家子弟之薄情相對
比，揭示整個社會的貧富對立和鼓舞受難女性的獨立自主。戲
中強調「窮人的手和闊人的手始終是握不牢的！」展露田漢劇

作的抒情性、浪漫主義和現實主義交織的特色。田漢自認此作較能稱為出世作,從此走上戲劇創作的康莊大道。作者主觀的「漂泊意識」和生活中體悟到的「悲劇意識」相結合,發出無垠無涯的詠歎聲——「舉社會都是一個大沙漠!」浪漫未知帶點感官刺激的咖啡店場景,迷濛晦澀的氛

〈咖啡店之一夜〉書影

圍情境,流動著一股濃郁的咖啡氣味,鼓譟著華燈初上卻無家可歸的旅者。白秋英和原本素日消糜、流連咖啡館的林澤奇,最後終成共行的荒漠遊者,相互扶持,相濡以沫。《薛亞夢之鬼》和《午飯之前》的寫作意涵,說明田漢創作視角和關心議題的轉換,也透露田漢立志要作「中國易卜生」的契機,以現實主義的角度鋪寫社會問題,為接下來三〇年代的政治文藝「向左轉」做了預告。儘管田漢早期劇作一直被人詬病流露過重的「感傷情調」,屬於思想苦悶時期,生活意志傾向於消極頹廢,晏民忠卻肯定「感傷」作者對現實不滿的曲折反映,是具有積極意義的:

田漢前期劇作中的「感傷」，是用飽含激情的詞句，抒發自己對現實和人生的深刻感觸，從而促使人們加深對黑暗現實的認識乃至走向對現實的批判和反抗。㉒

六、歸國之後

　　一九二二年秋天，留學日本六年的田漢，帶著身懷六甲的妻子易漱瑜回到上海，接受了上海中華書局編輯所的聘請，同時在上海大學和大夏大學教書。由於與成仿吾的關係，田漢自《創造季刊》第四期後脫離了「創造社」的活動，並於一九二四年一月與其妻創辦《南國月刊》，以「欲在沉悶的中國新文壇鼓動一種清新芳烈的藝術空氣」為旨，定期發行《南國》半月刊，合夫妻二人之力，自己出錢印刷，自己校對，自己折疊，自己發行，完全不假他人之手；登載文藝創作、評論、通信和文藝界簡訊，如此浩大的文藝工程，在經濟和精力上都是相當龐大的重擔，於是《南國月刊》只出刊四期便欲振乏力。一九三〇年之後田漢先後陸續加入了中國自由大聯盟、中國左翼作家聯盟和中國左翼戲劇家聯盟等團體，正式從事左翼戲劇，走向無產階級。一九三二年與丁玲一同加入中國共產黨，也開始一生鬥爭不斷的革命悲劇。田漢自填的《義勇軍進行曲》，恰巧也為田漢奮鬥的一生立證：

㉒ 晏艮忠：〈試論田漢前期話劇創作中「感傷情調」的積極作用〉，《藝譚》1983 年第 2 期（1983 年），頁 132-134 。

起來!

不願做奴隸的人們!

把我們的血肉,

築成我們新的長城;

中華民族到了最危險的時候,

每個人都迫著發出最後的吼聲!

起來!起來!起來!

我們萬眾一心,

冒著敵人的砲火前進!

前進!前進!前進!進! ㉓

　　田漢是中國五四時期重量級的劇作家,亦是中國翻譯莎劇的第一人、五四時期外國文藝思潮和外國戲劇的重要介紹者之一。而助成田漢開拓戲劇領域的機緣,留學日本是最重要的因素,田漢初期的戲劇創作生涯,是在日本流通文化的搖籃中成長、汲取營養,身為外來藝術接受者的田漢,回國之後便成外來藝術的宣傳者、國內文化的啟蒙者,並陸續翻譯日本近代劇作,引進新劇本。愛國思想一直是田漢念茲在茲的理念,抗戰期間,選擇信奉共產主義的田漢製作革命戲劇,發揮戲曲作為民眾熟悉的藝術形式在抗戰宣傳中的最大作用,創作和改編劇本,田漢一生歷經許多轉折,思想和創作也一直在蛻變當中,

㉓ 田漢:《田漢全集》,第11卷,頁123 。

而本文僅以「田漢在日本」作為開展，而非終點。

參考書目

中國話劇通史　葛一虹主編　北京　文化藝術出版社　1990
年 4 月

田漢研究指南　田本相等著　天津　天津教育出版社　1990
年 10 月

中國現代比較戲劇史　田本相主編　北京　文化藝術出版社
1993 年 6 月

田漢在日本　伊藤虎丸監修，小谷一郎、劉平編　北京　人民
文學出版社　1997 年 12 月

戲劇魂——田漢評傳　劉平著　北京　中央文獻出版社　1998
年 6 月

三葉集　田壽昌、宗白華、郭沫若著　合肥　安徽教育出版社
2000 年 10 月

田漢全集　田漢全集編輯委員會編　石家莊　花山文藝出版社
2000 年 12 月

相關文獻

董　健　　田漢在日本——《田漢傳》第三章
　　　　　　電影創作　1994 年第 3 期　頁 37-51 轉頁 16　1994 年

小谷一郎　田漢在日本

北京　人民文學出版社　1692面　1997年8月

陳白塵　青年時代的田漢
劇本　1984年第1期　頁63-65　1984年1月

陳明遠　田漢和少年中國學會
新文學史料　1985年第1期　頁139-140　1985年
2月

陳明遠　三葉傳詩情——郭沫若、田漢、宗白華的友誼
人物　1980年第1期　頁21　1980年

沈鴻鑫　田漢、宗白華、郭沫若與《三葉集》
圖書館　1994年第1期　頁74-75　1994年

陳明遠　田漢和郭沫若友誼紀要
戲劇論叢　1984年第1輯　頁25　1984年

杜方智　披肝瀝膽，情常誼深——郭沫若與田漢的友誼
零陵師範高等專科學校學報　1994年第4期
1994年

杜方智　交相輝映兩巨星——郭沫若與田漢的友誼
湖南黨史　1995年第3期　頁32-35　1995年

劉　平　真情永存，友誼常青——記郭沫若與田漢交往
郭沫若學刊　1999年第2期　頁77-93　1999年6月

小谷一郎　創造社と少年中國學會・新人會——田漢の文學及
び文學觀を中心に
中國文化　第38期　頁41-56　1980年

小谷一郎　村松梢風と中國——田漢と村松，村松の中國に對
する姿勢などを中心に

一橋論叢　第101卷第3期　頁393-408　1989年
3月

小谷一郎　日中近代文學交流史の中における田漢——田漢と
　　　　　同時代日本人作家の往來
　　　　　中國文化　第55號　頁66-77　1997年

畠山香織　佐藤春夫と中國近代劇作家田漢との交友について
　　　　　——「人間事」から讀みとれるもの
　　　　　京都產業大學論集（外國語と外國文學系列）　第
　　　　　25期　頁87-108　1998年3月

邢鐵華　　從《三葉集》看田漢
　　　　　戲劇界　1984年第1期　頁66-69　1980年8月

西村富美子　日本近代文學に於ける中國文學との交流——谷
　　　　　崎潤一郎：謝六逸、田漢、郭沫若、歐陽予倩など
　　　　　愛知縣立大學外國語學部紀要　言語・文學編　第
　　　　　32期　頁265-289　2000年

嚴　肅　　田漢前期劇本創作簡論
　　　　　戲劇學習　1981年第2期　頁65-73　1981年6月

晏艮志　　試論田漢前期話劇創作中「感傷情調」的積極作用
　　　　　藝譚　1983年第2期　頁132-134　1983年

馮　輝　　淺談田漢五四時期的話劇創作
　　　　　中州學刊　1983年第6期　頁113-116　1983年12月

丁・哈倫戈娃著，趙建勛、曉雪譯，林永福校　論1920-1937
　　　　　年間田漢劇作的發展
　　　　　學術之聲　第6期　頁183-210　北京　北京師範

大學中文系　1989 年 10 月

鄒言九　田漢早期戲劇創作的浪漫主義辨析

益陽師專學報　第 15 卷第 4 期　頁 60-63　1994 年
10 月

焦尚志　田漢早期悲劇觀念試探

南開學報（哲學社會科學版）　2001 年第 6 期
頁 42-47 轉頁 55　2001 年 11 月

陳鑒昌　郭沫若田漢早期話劇思想價值比較

西南民族學院學報（哲學社會科學版）　2001 年
第 8 期　頁 83-86　2001 年 8 月

王向遠　田漢的早期劇作與日本新劇

中國比較文學　1999 年第 1 期　頁 24-35　1999 年

勇　赴　他揭開中日電影關係史的序幕——田漢早期電影觀
新探

電影藝術　1998 年第 1 期　頁 52-56　1998 年 1 月

趙　怡　「惡魔詩人」と「漂泊詩人」——田漢の象徵詩人
像と日本文壇の影響

比較文學研究　第 73 期　頁 39-56　1999 年 2 月

郭沫若在日本

葉純芳 *

一、前言

郭沫若在中國的社會中,是一個毀譽參半的人物。許多探討「郭沫若」的文章,常將重點放在他與女性之間的情愛糾葛中,有些人以道德的標準來看待這個問題,認為郭沫若始亂終棄,見一個愛一個;有些人則認為七情六慾,人之常情,更何況是一個多愁善感、感情豐沛的文學家?又或將重點放在他與其他文人間的恩怨中,挖掘出一些不為人知的密聞,以顯示郭沫若的人格卑劣。又因為他的政治立場飄搖不定,更使人覺得他是一個投機分子,見風轉舵。

郭沫若的私德如何,在那個人人自危、社會動亂的年代裏,是很難去評判他的是非對錯,本文也無權以一個批判者的角色,來檢驗郭沫若的人格。只能以現有的文獻資料,呈現郭沫若在日本留學十年、流亡十年的生活,以及在這二十年中,他為學術界所貢獻的成果。

---

* 葉純芳,東吳大學中國文學系博士生。

二、赴日之前的郭沫若

光緒十八年（1892）十一月十六日，郭沫若誕生於四川省樂山縣觀峨鄉沙灣鎮。由於母親受孕時，夢見一隻小豹子咬她左手的虎口，故乳名叫「文豹」；因排行第八，又叫「八兒」；學名「開貞」，號「尚武」。一九一九年，他首次以「沫若」為筆名發表新詩，這個筆名，是由其故鄉的兩條河

郭沫若 像

「沫水」與「若水」而來的，之後，他即以「沫若」為號。

郭家原籍本是福建省汀州府寧化縣，幾代祖先慘澹經營，家道幾經興衰，直到郭沫若父親一代，家業總算逐漸穩固。因此，郭沫若的成長環境，還算優渥舒適。家族的長輩中，對他影響最深的，據他自己說是他的母親：「我母親事實上是我真正的蒙師。」①雖然「她完全沒有讀過書，但她單憑耳濡目染，也認得一些字，而且能夠暗誦的好些唐詩。在我未發蒙以前，她教我暗誦了很多的詩。」②郭母杜邀貞為進士杜琢璋之

① 郭沫若撰：〈我的童年〉，《郭沫若全集・文學編》（北京：人民文學出版社，1992 年 9 月），第 11 卷，頁 18。

女，因此雖然從未正式讀過書，卻因為家中的因素，也耳濡目
染的習得一些字及唐詩。郭沫若一方面在慈母的教導下習字，
一方面也進入本族私塾──「綏山山館」讀書，少年時代即熟
讀《三字經》、《詩品》、《詩經》、《春秋》、《古文觀止》及
《唐詩》等書。一九〇五年秋，科舉制度廢除，樂山縣高等小
學校應「新學」之時運而生。郭沫若在第一次入學考試二百名
及格者中名列第二十七名，第二次考試又在九十名的及格者中
名列第十一名。十三歲的郭沫若，此時已顯現出他與一般同年
齡少年的不同。在樂山縣高等小學，由該縣官費最早送出東洋
留學的廩生帥平均教授《禮記‧王制》，成為使郭沫若與「舊
學接近的一個因數」。③帥平均是清末著名經學家廖平的高
足，郭沫若受到他的啟發，開始把家塾裡的《皇清經解》翻閱
了一些。大約在這個時期，他把《史記》也讀了一遍，他相當
喜歡太史公的筆調，《史記》中的〈項羽本紀〉、〈伯夷列
傳〉、〈屈原列傳〉、〈廉頗藺相如列傳〉、〈信陵君列傳〉、
〈刺客列傳〉等等，都是他最喜歡讀的文章，而這些古人的生
活同時也引起他無上的同情。④

　　一九〇七年秋，郭沫若高小畢業後考入嘉定府中學。由於
少年即得志，加上他認為當時的中學教師無人能夠滿足他的求
知慾望，因此他整天「只想離開故鄉，近則想跑成都，遠則想
跑北京、上海，更遠則想跑日本或美國」（〈我的學生時代〉，

---

② 同前註，頁72 。
③ 同前註，頁73 。
④ 同前註，頁92 。

《郭沫若全集・文學編》，第12卷，頁10）。一九一〇年二
月，他考入設在成都的四川高等分設中學堂，邁出了遠離家鄉
的第一步。一九一一年十月，辛亥革命爆發，隨之四川高等分
設中學與成都府中學合併。一九一二年春，在父母的安排下，
與張瓊華（1891-1981）在家鄉倉促成親。其實在他十歲以
前，就依媒妁之言訂了親，但這場婚姻在郭沫若十四歲時，對
方即因病而亡。對郭沫若而言，這不是一件哀傷的事，相反
地，他的心中卻「隱隱感到高興」。⑤因為當時郭沫若已開始
接觸新舊小說，「舊小說中的風流，新小說中的情愛，那是大
有誘惑性的」。⑥因此，從十四歲以後，他並不願從速訂婚。
直到十九歲，郭沫若的母親未徵得他的同意，擅自為他同意一
門親事，軟硬兼施的要他早日成親。起初，郭沫若心中百般掙
扎，不過，由於叔母的極力擔保，女方決不會弱於郭家中任何
一位姑嫂，也決不會讓郭沫若灰心。而平日所看的小說中的人
物形象與情節逐漸浮上他的心頭，對未曾謀面的妻子長相、人
品亦多所揣測與期待，最後終於答應擇日成親。

　　但是一切並不如郭沫若心中所想的那麼完美，據他自己的
陳述，認為與張瓊華的這段婚姻，正如「隔著麻布口袋買貓
子，交訂要白的，拿回去才是黑的」。⑦小說中人物的形象與
妻子的長相形成了落差。對新婚妻子長相的失望，再加上裹小

---

⑤ 郭沫若撰：〈黑貓〉，《郭沫若全集・文學編》，第11卷，頁
　　280。
⑥ 同前註。
⑦ 同前註，頁291。

腳、沒念過書,更令郭沫若覺得心灰意冷,於是結婚後五天,
郭沫若便藉口學校即將開學,留下張瓊華,離開了家鄉,結束
他的「結婚受難記」。(〈黑貓〉,頁304)自此以後,郭沫若
與張瓊華便成為有名無實的夫妻。郭沫若並未曾嘗試與這位妻
子相處,在日本留學時期與日本護士佐藤富子(安娜)相戀,
又怕休妻會令張瓊華在家鄉難以自處而尋短見,便任由她在家
鄉獨守空閨。而這位傳統的中國婦女,被這個名份禁錮一生,
將她剩餘的歲月奉獻給郭家,侍奉公婆,等待郭沫若。

三、初赴東瀛──求學十年

　　一九一三年二月,郭沫若自成都府中學校畢業並考入成都
高等學校理科。六月,天津的陸軍軍醫學校在全國各省招生,
郭沫若被推為四川省的代表。但他當時並沒有心學醫,應考只
是想藉機會離開四川。到了天津以後,雖然經過複試被錄取,
但郭沫若並沒有入校。當時他的兄長橙塢先生在做川邊駐京代
表,郭沫若於是獨自跑到北京投靠他。北京之行,成了他一生
的第二個轉捩點,因為他的兄長決定託友人張次瑜帶他去日本
留學:

　　起初他對於我的求學也很感棘手,後來決定把我送往日
　　本。我是三十號離開北京的,由火車經過山海關、遼東半
　　島、朝鮮半島,在朝鮮的釜山迎接了一九一四年的新年。
⑧

第一高等學校

郭沫若的兄長給了他一條重六兩多的金條，要他到東京去變換成日幣，作為學費。並希望他能以半年或一年的時間考取官費學校，否則將來的學費便難以接濟。當時中國和日本有五校官費的契約，東京的第一高等學校、高等師範學校、高等工業學校、千葉的醫學專門學校、山口的高等商業學校。只要考進這五校，便由中國政府發給官費，因此成為留學生競爭的目標。郭沫若一月到達東京，對暑假即將面臨的考試，感到負擔相當沉重，因此「在當時實在是拚了命，拚命地學日文，拚命地補習科學，結果我終竟以半年工夫，考上第一高等學校，這在當年聽說是沒有比我更快的了」。⑼日本的高等學校約略等於我國的高中，在當時分為三部，第一部是學文哲、法政、經濟等科，第二部是理工科，第三部是醫科。在應考時就需分科，他說：

⑻ 郭沫若：〈我的學生時代〉，《郭沫若全集·文學編》，第12卷，頁14。

⑼ 同前註，頁15。

當時的青少年，凡是稍有志向的人，都是想怎樣來拯救中
國的。因為我對於法政經濟已起了一種厭惡的心理，不屑
學；文哲覺得無補於實際，不願學；理工科是最切實的
了，然而因為數學成了畏途，又不敢學；於是乎便選擇了
醫科，應考第三部。這時的應考醫科，卻和在國內投考軍
醫學校的心理是完全兩樣了。我在初，認真是想學一點
醫，來作為對於國家社會的切實貢獻，然而終究沒有學
成，這卻是一件遺憾的事。（〈我的學生時代〉，頁15）

郭沫若在高等學校三年畢業之後，升入九州帝國大學的醫科。
日本當時的大學學制是三年畢業，只有醫科是四年半。開始兩
年是基礎課程，如解剖學、組織學、生理學、醫化學、病理
學、藥物學、細菌學、精神病理學等；後兩年為臨床學，其中
包括內、外、兒、婦科、皮膚、耳鼻咽喉、眼科齒科，乃至於
衛生學、法醫學等等。所有的一切科目都要通盤學習。郭沫若
雖然大學畢了業，也得到了醫學士的學位，但他對醫學終究沒
有學成，一生中從未行過醫，本身也沒有行醫的意思。他將原
因歸咎於他十七歲時患過一次極嚴重的熱症，使耳朵、脊椎受
到波及，致使聽覺不靈敏，無法辨別打診和聽診等微妙的基本
醫術。兩耳重聽，沒有可能把臨床醫學學好，因此，終於「逼
著我走上了文學的路途」。（〈我的學生時代〉，頁16）

　由於日本人教外國語，無論是英語、德語，都喜歡用文學
作品來作讀本，高校期間，郭沫若接觸了泰戈爾（R. Tagore，
1861-1941）、雪萊（P.B.Shelley，1792-1856）、莎士比亞

（W.Shakespeare ，1564-1616）、海涅（H.Heine ，1797-
1856）、歌德（J.W.Goethe ，1749-1832）、席勒
（J.C.F.Schiller ，1759-1805）等人的作品，亦接觸了北歐文
學、法國文學、俄國文學等作品，這些便成了他文學的基底。
一九一八年八月，在博多灣海岸與張資平邂逅相遇，兩人對當
前中國的雜誌頗多感慨，想找幾個人來出一種純粹的文學雜
誌，採取同人雜誌的形式，專門收集文學上的作品，而且只收
白話文的作品。因此，在福岡四年半的學醫生活，基本上是被
詩歌創作、文學活動所取代，與宗白華、田漢通信討論詩歌創
作；邀郁達夫、成仿吾等人共同創辦「創造社」；並出版新詩
集《女神》，翻譯出版歌德《少年維特的煩惱》以及泰戈爾、
海涅、惠特曼、雪萊等人的詩文。但他也從解剖學的課程中觸
發他「最初的創作欲」：

　　天氣一寒冷起來，學校裡的人體解剖便開始了。一個禮拜
　　有三次，都是在下半天。八個人解剖一架屍體，……屍體
　　是用防腐劑福爾馬林（Formalin）注射過的，全身纏著紗
　　布，儲在解剖教室的屍庫裏。八個人去抬出一架屍體來，
　　陳在鋅板製的長條桌上，就像圍著吃西餐的一樣，拿著刀
　　子和鉗子，來坐著吟味。……天氣一熱時更要腐化，甚至
　　鑽出些蛆蛹來。這樣敘述著好像很噁心，但在解剖著的人
　　看來，實在好像在抱著自己的愛人一樣，特別是在頭蓋骨
　　中清理出了一根纖細的神經出來的時候，那時的快樂真是
　　難以形容的。屍體的來源是刑務所，因此所解剖的屍體便

都是犯人。……日本人是有紋身的習俗的，有些屍體上，全身都施著朱色和藍色相間的人物畫，……在這樣奇怪的氛圍氣中，我最初的創作欲活動了起來。⑩

於是，他幻想出漁夫齋藤寅吉盜竊名門閨秀濱田愛子屍體的故事，首次創作小說──〈骷髏〉。郭沫若自己非常得意這篇作品，將這篇最初的創作投寄到東方雜誌社，但被退了稿，郭沫若傷心之餘，親自將這篇處女作火葬了。（〈創作十年〉，頁59）

　　一九二三年三月，郭沫若由九州帝國大學醫科畢業，獲醫學士學位，結束了在福岡四年七個月的學生生活。他曾收到張鳳舉等人的來信，邀他赴北京大學任職，又收到國內寄來的請帖，欲以三千日圓聘為醫生，但都被他所拒絕，並對朋友劉明說：「醫生至多不過是醫治少數患者的肉體上的疾病。要使祖國早日覺醒，站起來鬥爭，無論如何，也必須創立新文學。」⑪

　　同年四月，郭沫若攜安娜與兒女歸國。⑫作詩〈留別日

---

⑩ 郭沫若撰：〈創作十年〉，《郭沫若全集‧文學編》，第12卷，頁56-57。

⑪ 龔繼民、方仁念編：《郭沫若年譜》（天津：天津人民出版社，1992年10月），上冊，頁126。下文中省稱為《年譜》，並僅註明頁數。

⑫ 郭沫若想和髮妻張瓊華離婚，與佐藤富子結婚，開始雙方家長皆堅決反對，郭家甚至很長一段時間與郭沫若斷絕了書信往來，後因長子和生出生，郭沫若的父母才寬恕了郭沫若，並承認佐藤富子（安娜）的存在。但在寫信的時候，仍稱這位日本兒媳婦為「妾」，稱安娜所生的兒子為「庶子」。

本〉，將日本比作「新式的一座文明監獄」，認為自己的故國「雖然也是一座監牢，但我們有五百萬的鐵鎚，有三億二千萬的鐮刀。我們有朝爆發了起來，不難把這座世界的鐵牢打倒」。（《年譜》，頁126）但是郭沫若不知道，五年後，他將因思想左傾而被當時的國民黨政府以三萬元賞格通緝，再度赴日，展開流亡日本十年的生活。

四、再赴東瀛——流亡十年

一九二七年五月六日，南京國民黨中央執行委員會批准總司令部特別黨部呈文：「郭沫若平日趨附共產，其言論舉措時有危害本黨情事，詎最近有所作〈請看今日之蔣中正〉一篇，尤屬甘心背叛，……對於該反動分子郭沫若應予以嚴厲處分，除四月二十一日起停其執行委員職權外，敬懇黨部開除黨籍，並通電嚴緝歸案懲辦。」⑬十日，國民政府通令各總部、各軍、各省府嚴加查照通緝辦理。二十三日，廣州《民國日報》刊載〈蔣總司令通緝郭沫若之通令〉，與此同時，郭沫若寫了〈脫離蔣介石以後〉，記敘他與蔣中正先生決裂的經過，在武漢《中央日報》副刊連載。八月十七日，郭沫若由周恩來、李一氓介紹，與賀龍、彭澤民一同加入中國共產黨。

在被國民黨南京政府通緝期間，郭沫若曾與周恩來等商定帶全家去蘇聯，但由於患斑疹傷寒住院，使他錯過了去蘇聯的

---

⑬ 卷存南京中國歷史檔案館。轉引自謝保成：《郭沫若學術思想評傳》（北京：北京圖書館出版社，1999年7月），頁22。

機會。一九二八年二月十日，周恩來、李一氓來到郭沫若在上海的處所，決定改期赴日。十六日，李一氓又來餞行，最後將行期定為二十四日。郭沫若為避人耳目，假借往東京考察

千葉縣故居

教育的南昌大學教授的身分，化名為「吳誠」，由內山完造送他乘日本郵船「廬山丸」離開上海，安娜則帶著孩子另乘「上海丸」，並相約在神戶團聚。二月二十七日，郭沫若一家人又來到了日本。雖然這次舉家來日相當狼狽，但是對郭沫若而言，他的學術生涯卻有另一番的轉折與成就。

　　郭沫若一家人到達神戶後，下午即乘火車往東京，臨時決定投奔安娜朋友花子的娘家——齊藤家。三月上旬，由齊藤家搬到東京灣邊上的千葉縣市川町。生活安頓下來以後，郭沫若開始和國內的朋友通信，和東京的朋友交往。這時的生活費由「創造社」每月提供一百元，經內山完造從上海匯到東京，再交到郭沫若的手中。由於安娜的勤儉操持家計，生活過得還算充裕，郭沫若趁此機會大量閱讀科學的文藝論著以及哲學、經濟、歷史等方面的書。

　　流亡日本，使他再次置身於一種旁觀的境遇，得以比較客觀地潛心於對「國學」的認識。在從事國外理論與學術、文化著作的翻譯過程中，他逐漸意識到簡單的把歷史唯物論只作為

純粹的方法來介紹，生硬地玩弄一些不容易理解的譯名和語法，反而會使其在接受和運用上增加阻礙，因此，他採取了圍繞「國學」介紹「西學」的做法，一是使歷史唯物論「中國化」：

> 辯證唯物論是人類的思維對於自然觀察上所獲得的最高的成就，……要使這種新思想真正地得到廣泛的接受，必須熟練地善於使用這種方法，而使它中國化。⑭

二是以中國的思想、中國的社會、中國的歷史——即是以「國學」來考驗辯證唯物論的適應度：

> 我主要是想運用辯證唯物論來研究中國思想的發展，中國社會的發展，自然也就是中國歷史的發展。（《海濤集·跨著東海》，頁331）

因此，他首先選取了中國傳統的經書《易經》來作研究。他認為《易經》所包含的宇宙觀是符合辯證式的與唯物論的，他以六天的時間來研究，撰成〈周易的時代背景與精神生產〉一文。⑮本文揭去了後人加在《易經》上的神秘色彩，從卦辭、

---

⑭ 郭沫若：《海濤集·跨著東海》，《郭沫若文集》，第8卷，頁26。

⑮ 本文收入《中國古代社會研究》時，作為該書的第一篇，改題為〈周易時代的社會生活〉。郭沫若：《中國古代社會研究》（石家莊：河北教育出版社，2001年12月），頁32-86。

爻辭窺見周代「社會生活的狀況和一切精神生產的模型」，證明當時「是由牧畜轉化到農業的時代，牧畜還是生活的基調」，整個社會正在「由原始公社變成奴隸制」。文章的〈發端〉寫道：

《周易》是一座神秘的殿堂。

因為它自己是一些神秘的磚塊——八卦——所砌成，同時又加以後人的三聖四聖的幾尊偶像的塑造，於是這座殿堂一直到二十世紀的現代都還發著神秘的幽光。

神秘作為神秘而盲目地贊仰或規避都是所以神秘其神秘。

神秘最怕太陽，神秘最怕讀面。

把金字塔打開，你可以看見那裏只是一些泰古時代的木乃伊的屍骸。⑯

本文後來刊載於《東方雜誌》二十五卷二十一、二十二期，署名「杜桁」。這是因為他的母親姓杜，性格桁直，為了紀念母親，故取為筆名。寫完這篇文章的第二天，郭沫若就被東京警視廳拘捕，關押在東京橋區警察局。雖然拘留到第三天便被釋放，但他卻感到被放進更大範圍的監視裏。後因安娜受不了鄰居們戒備而輕視的眼光，郭沫若全家只得另賃房屋居住。八月中旬，便搬到市川北真間山腳下一個相當僻靜的住所。在這個住所的書齋中，郭沫若即將完成《中國古代社會研究》、《甲

---

⑯ 郭沫若：《中國古代社會研究》，頁32。

中國古代社會研究

郭沫若 著

上 海 聯 合 書 店
1930

《中國古代社會研究》書影

骨文字研究》、《殷周青銅器銘文研究》這三部研究古代社會的學術巨作。

之後，郭沫若更積極開始研究《書經》與《詩經》，撰成〈詩書時代的社會變革與其思想上的反映〉一文。他依據這兩部書來參考比驗，進一步探尋殷周之際，由原始公社制度變為奴隸制，東周以後由奴隸制變成封建制的「變革的痕跡」，〈序說〉：

> 在《易經》和《易傳》的研究中我們發現出中國古代社會的兩個變革的時期：便是《易經》是由原始公社制變為奴隸制時的產物，《易傳》是由奴隸制變成封建制時的產物。第一個變革是在殷、周之際達到完成，第二個變革的完成，是在東周以後。這兩個變革的痕跡在《詩經》和《書經》中表現得更加鮮明。⑰

他認為《詩經》是我國文獻中的一部可靠的古書，但《書經》

---

⑰ 同前註，頁87。此篇文章刊載於1929年4至6月上海《東方雜誌》第26卷第8、9、11、12期，仍署名「杜衎」，後收入《中國古代社會研究》中，作為該書的第二篇。

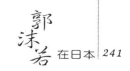

卻存在著很大的問題，他說：

> 《書經》有今文和古文的分別，《古文尚書》除今文所有
> 的二十八篇之外都是偽作，清時的學者已經把它批判的體
> 無完膚。……但在《今文尚書》的二十八篇中依然包含著
> 一個很大的問題。（〈序說〉，頁87-88）

他指出〈帝典〉、〈皋陶謨〉、〈禹貢〉三篇是「後世儒家偽
託」，對〈甘誓〉以下的二十五篇有這樣的看法：

> 〈甘誓〉應該歸入〈商書〉，但就是〈商書〉和〈周書〉，
> 都應該經過殷、周的太史及後世的儒者的粉飾，所以這二
> 十五篇的可靠性只能依據時代的遠近而遞減。（〈序說〉，
> 頁93）

郭沫若得到這樣的認識，與當時古史辨派的顧頡剛的研究有著
殊途同歸的結論：

> 這不僅在二十八篇《今文尚書》的具體考辨上與顧頡剛關
> 於〈堯典〉、〈皋陶謨〉、〈禹貢〉是儒家為建立他們的古
> 史體系所加工編造的認識殊途同歸，就是在對《今文尚書》
> 的總體認識上也與顧頡剛的「層累地造成的中國古史」一
> 致。⑱

郭沫若在〈夏禹的問題〉一文中也說：

> 顧頡剛所編著《古史辨》第一冊，最近始由朋友寄來，我
> 因為事忙，尚沒有過細地翻閱；但就我東鱗西爪的檢點，
> 我發現了好些自以為新穎的見解，卻早已在此書中由別人
> 道破了。
> 顧頡剛的「層累地造成的古史」的確是個卓識。從前因為
> 嗜好不同，並多少夾有感情作用，凡在《努力報》上所發
> 表的文章，差不多都不曾讀過。他所提出的夏禹的問題，
> 在前曾哄傳一時，我當時耳食之餘，還曾加以譏笑。到現
> 在自己研究了一番過來，覺得他的識見是有先見之明。在
> 現在新的史料尚未充足之前，他的論辨自然並未能成為定
> 論，不過在舊史料中凡作偽之點大體是被他道破了。⑲

在對《易》、《書》、《詩》的研究過程中，郭沫若感到後人虛
偽的粉飾已經造成經書的可疑，認為必須找尋第一手的資料，
例如考古發掘所得，沒有經過後世的影響，而確確實實可以代
表古代的東西。於是，他的國學研究超越了古史辨派用文籍考
訂的方法，邁向了考古證史的領域。因此，自一九二八年八月
底，他開始研究甲骨文，在東京上野圖書館查閱羅振玉編著的
《殷虛書契前編》，並往東京「文求堂」訪求研究甲骨文的入門

---

⑱ 謝保成：《郭沫若學術思想評傳》（北京：北京圖書館出版社，
  1999年7月），頁108。
⑲ 郭沫若：〈夏禹的問題〉，《中國古代社會研究》，頁290-292。

書，見有《殷虛書契考釋》，遺憾的是買不起，又無法借出。
店主田中慶太郎見郭沫若對追求學問的熱烈，告訴他東洋文庫
有這類藏書。在新聞記者山上政義的幫助下，通過作家藤村成
吉的介紹，並借用山上政義曾在中國使用過的假名「林守
仁」，與東洋文庫主任石田幹之助取得聯繫，終於得以親見其
書。並在一兩個月內讀完了庫中所藏的一切甲骨文字和金文的
著作。關於中國境內的考古學上的發現記載也差不多都讀過，
郭沫若才覺得「對於中國古代的認識算得到了一個比較可以自
信的把握」（《年譜》，頁 232）。在攻讀的過程中，他感到「得
見甲骨文字以後，《詩》、《書》、《易》中的各種社會機構和
意識才得到了他們的泉源，其為後人所粉飾或偽託者，都如撥
雲霧而見青天」一般。從一九二八年十月至次年八月，他完成
了《甲骨文字研究》⑳一書以及〈卜辭中的古代社會〉的初
稿，與此同時，他沒有放棄對文學的熱愛，仍然從事文學的創
作與翻譯西方文學作品的工作。

　　郭沫若步入古文字、古器物研究領域能夠獲得重大成就並
為世人所矚目，和兩個人有著密切的關係。一個是上文所提到
的東京文求堂書店主人田中慶太郎，另一個人，就是當時在燕

---

⑳ 本書為研究甲骨卜辭的論集，通過一批已識或未識的甲骨文字的
　考釋，以闡述殷代的社會結構和意識形態。全書共分兩卷，第一
　卷收論文十六篇，即〈釋祖妣〉、〈釋臣宰〉、〈釋寇〉、〈釋
　攻〉、〈釋作〉、〈釋封〉、〈釋挈〉、〈釋版〉、〈釋藉〉、〈釋
　朋〉、〈釋五十〉、〈釋龢言〉、〈釋南〉、〈釋龡〉、〈釋蝕〉、
　〈釋歲〉；第二卷收論文一篇，即〈釋干支〉，另有〈附錄〉、〈後
　記〉等。

京大學任教，主編《燕京學報》的容庚。

　　當郭沫若於一九二九年八月完成了《甲骨文字研究》後，卻求教與出版無門，這使他想起了容庚：

> 我和容庚並無一面之識，還是因為讀了王國維的書才知道了他的存在。王國維為商承祚《殷虛文字類編》作序，他提到四位治古文字的年輕學者，一位是唐蘭，一位是容庚，一位是柯昌濟，一位是商承祚。我因為敬仰王國維，所以也重視他所稱許的這四位年輕學者。[21]

雖然他不認識容庚，卻見過他所編的《金文編》，又從《燕京學報》知道他的工作和地址。「我就以彷彿年輕人那樣的憧憬，也彷彿王國維還活著的那樣，對於王國維所稱許的四學士之一，謹致我的悃忱，而以我的原稿（《甲骨文字研究》）向他求教」。八月二十七日，郭沫若寫了第一封信給容庚，除了對其所著《金文編》表示欽佩，並希望得到他的幫助：

> 因欲探討中國之古代社會，近亦頗用心於甲骨文字及古今文字之學。讀足下書，有欲請教者數事，不識能見告否？……欲商榷之事頗多，惟冒昧通函，未經任何人之介紹，不敢過擾清慮。[22]

---

[21] 郭沫若：《海濤集·我是中國人》，《郭沫若文集》，第13卷，頁369。

[22] 黃淳浩編：《郭沫若書信集》（北京：中國社會科學出版社，1992年12月），上冊，頁310。

郭沫若的署名為「未知友郭沫若上」。未曾謀面的容庚，不僅寫了回信給郭沫若，並為他謀得想得見的二器器文。不到三個月的時間，兩人僅僅寫了五封信，便從「未知友」進展到「訂文字交」的地步。容庚為其購書、發表文章、並討論古文字研究上的問題，提供各種的幫助。雖然可見郭沫若對古文字研究的熱烈，更重要的是看見容庚對這個從未見過面的朋友盡心盡力，甚至甘冒生命的危險。因為郭沫若當時被國民黨政府通緝，流亡日本；他所創辦的《創造月刊》也被視為共產黨刊物受到查禁。旁人避之唯恐不及，而容庚卻與政府的通緝犯頻繁交往，不得不令人佩服他的膽識，也可見他愛才的心理。一九三一年五月，《甲骨文字研究》上、下兩冊由上海大東書局據手稿影印出版，郭沫若特囑寄容庚一部。

容庚對於郭沫若，可說是有求必應，不僅是在資料的蒐集上，另一個很重要的幫助，是關於彝器、金文的研討。一九二九年十二月二十四日至一九三○年九月八日，郭沫若致容庚十六函，討論郭沫若所著的《殷周青銅器銘文研究》中的問題，容庚原本打算在《燕京學報》陸續發表，但郭沫若已交予書店出版，婉拒容庚的邀約。同時，郭沫若也從容庚所著的《寶蘊樓彝器圖錄》中提出「花紋形式之研究最為切要」、「如將時代已定之器作為標準，就其器之花紋形式比匯而統繫之，以按其餘之時代不明者」則「必大有創獲」。這就是後來研究青銅器斷代時常用的「標準器」斷代法的最初構想。

郭沫若於一九三一年九月九日《兩周金文辭大系攷釋》初

版序中，認為青銅器銘文的可貴處在於「足以徵史」。他撰作
此書的目的，在於「從傳世的數千銅器中選擇了有重要史料價
值的金文辭，作了系統的整理，其目的在求周代彝銘之歷史系
統與地方分類」。有周一代共八百年，幾乎與宋、元、明、清
四朝相當，統稱為「周」，是非常含混的。如果時代不明、國
別不明，即使有銘文也是沒有用處。

　　他既反對用曆法來斷定青銅器的時代，那麼，他用什麼方
法來斷代呢？〈序〉說：

　　　余於年代之推定則異是㉓，余專就彝銘器物本身以求之，
　　不懷若何之成見，亦不據外在之尺度。蓋器物年代每有於
　　銘文透露者，如上舉之〈獻侯鼎〉、〈宗周鐘〉、〈遹
　　簋〉、〈趞曹鼎〉、〈匡卣〉等皆是。而由新舊史料之合
　　證，足以確實考訂者，為數亦不鮮。據此等器物為中心以
　　推證它器，其人名、事蹟每有一貫之脈絡可尋，得此，更
　　就文字之體例、文辭之格調，及器物之花紋形式以象驗
　　之，一時代之器大抵可以蹤跡，即其近是者，於先後之相
　　去要必不甚遠。要其有曆朔之記載者，亦於年、月、日、
　　辰間之相互關係求其合與不合，然此僅作為消極之副證而
　　已。㉔

㉓ 異於吳其昌利用後代的曆法來推定殷周古曆。
㉔ 郭沫若：《兩周金文辭大系圖錄考釋》（上海：上海書店出版社，
　　1999 年 7 月），頁 3 下。

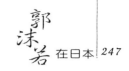

以一個具備確定可徵的年代、人物、史實的青銅器作為斷代的標準，再加上文字的體例、文辭的風格、器物的形制、花紋的輔佐，就可以連繫出同時代的青銅器了。這就是後來學者頗為推崇的「標準器斷代法」。有趣的是，郭沫若雖然反對用曆法來斷代，又不想完全否定曆法的功用（因為另一個研究青銅器銘文的學者吳其昌確實也用曆法證明了一些器的時代），所以他加上了「要其有曆朔之記載者，亦於年、月、日、辰間之相互關係求其合與不合」的話。但是又覺得不妥當，於是在最後再加上「然此僅作為消極之副證而已」，表示用曆法來斷代是下下之策。

郭沫若依照他的方法找出年代可徵或相近的西周銅器銘文共一百六十二器，大概都是王臣的器物。以下是他所考證出西周各王時代的器物數，而容庚在《商周彝器通考》中也利用此法推斷出各王時代的器物，他所收的器比郭沫若更多，在分期時，容庚多了「共和時期」：

	郭	容
武王時器	2	14
成王時器或其近是	27	91
康王時器或其近是	11	13
昭王時器及其近是	7	6
穆王時器及其近是	20	4
恭王時器及其近是	16	14
懿王時器及其近是	17	15
孝王時器及其近是	8	缺
夷王時器或其近是	9	缺
厲王時器或其近是	26	53
共和時器	＼	1
宣王時器及其近是	15	44
幽王時器及其近是	4	3
	162 器	258 器

從上表中，雖然容庚取器較郭沫若為多，但他定在武王、成王時期的器過多，是不是準確，應該要存疑。

郭沫若又依據國別，共求得三十二國銅器銘文共一百六十一器，而這些大概都是屬於東周（少數為西周）時的器物。容庚對於東周器，仍以東周列王分，而不依照國別分。㉕

㉕ 可參考屈萬里先生《先秦文史資料考辨》中的〈先秦金文斷代諸說異同表〉。表中首列「器名」，再將郭沫若、容庚、陳夢家、白川靜的斷代一一列上，其他家的說法則列在「備註欄」中。詳見屈萬里撰：《先秦文史資料考辨》（臺北：聯經出版事業公司，1993 年 9 月，初版 3 刷），頁 131-168。

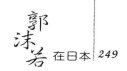

郭沫若依國別分：

吳——4	蔡——2	邾——9	戴——3
越——3	許及其近是——4	寺——5	衞——2
徐——7	鄭——9	魯——9	燕——4
楚——12	陳——4	杞——2	晉——7
江——3	宋——4	紀——6	蘇——8
黃——4	曾——7	祝——2	東虢北虢——4
郜——5	滕——2	盧莒——2	虞——2
鄧——3	薛——2	齊——17	秦——4
			共161器

容庚依東周列王分：

平王時代器	缺
桓王時代器	缺
莊王時代器	缺
釐王時代器	缺
惠王時代器	缺
襄王時代器	缺
頃王時代器	缺
匡王時代器	缺
定王時代器	缺
約在簡王時代器	28
約在靈王時代器	3
約在景王時代器	3
約在敬王時代器	5
約在元王時代器	2

定王時代器（貞定王）	缺
考王時代器	1
威烈王時代器	13
安王時代器	缺
烈王時代器	3
顯王時代器	2
慎靚王時代器	缺
周赧王時代器	缺
秦始皇統一以前器	7
	共67器

經過以上的整理考證，郭沫若得到以下的結論：

1.這些國家大概分佈於長江流域與黃河流域，相鄰的國家文化色彩大約相同。

2.綜合而論，可以得南北兩大系統：

(1)江淮流域諸國為南系；黃河流域為北系。

(2)大抵南文尚華藻，字多秀麗；北文重事實，字多渾厚。

(3)徐、楚為南系的中心，而以徐國多古器。

(3)徐、楚為商文化的嫡系。

(5)南、北二流事實上為商、周的派演。

(6)商人氣質傾向藝術，彝器的製作精絕千古，而好飲酒、好田獵、好崇祀鬼神，為其超現實的證明；周人氣質則偏重現實，與古人所謂「殷尚質，周尚文」適得其反。

(7)自春秋以後，氏族畛域逐漸混同，文化色彩也漸趨晝

一，證之於彝銘，則北自燕晉、南到徐吳、東自齊邾、西到秦
郜，構思相同，用韻也一致，足以證明周末中州「書同文，行
同倫」的說法。

　　另外，郭沫若從前面的研究所得，在一九四五年二月十日
發表的〈青銅器時代〉中，由器物學的角度，將商周的青銅器
分為四個時期：

　　1. 鼎盛期：從年代上來說，相當於商代、周文、武、成、
　　　康、昭、穆。
　　2. 頹廢期：大概起自於周恭、懿、孝、夷以至於春秋中
　　　葉。
　　3. 中興期：自春秋中葉至戰國末年。
　　4. 衰落期：自戰國末葉以後。

而容庚據他考證出的青銅器年代，將青銅器時代分為四期：

　　1. 商時期。
　　　約在西紀前一一二二年以前。
　　2. 西周前期。
　　　約在西紀前九四七年至一一二一年。中歷：
　　　武王六年　成王三十七年　康王二十六年　昭王五十一
　　　年　穆王五十五年，約凡一百七十五年。
　　3. 西周後期。
　　　約在西紀前七七一年至九四六年。中歷：
　　　共王十二年　懿王二十五年　孝王十五年　夷王十六年
　　　厲王三十七年　共和十四年　宣王四十六年　幽王十一

年，約凡一百七十六年。

4. 春秋戰國期。

在西紀前二二二年至七七〇年，中歷：

平王五十一年（春秋時代起於平王四十九年）

桓王二十三年　莊王十五年　釐王五年　惠王二十五年

襄王三十三年　頃王六年　匡王六年　定王二十一年

簡王十四年　靈王二十年　景王二十五年　敬王四十三
年

元王八年（戰國時代起於元王元年）　貞定王二十八年

考王十五年　威烈王二十四年　安王二十六年　烈王七
年

顯王四十八年　慎靚王六年　赧王五十九年　（中缺九
年）

秦始皇帝二十五年，凡五百四十九年。

容庚認為用這個方法來斷代，能不能準確，取決於個人思考是
不是縝密而定。以〈宗周鐘〉為例，郭沫若斷在昭王，唐蘭則
斷在厲王；〈秦公簋〉郭沫若斷在秦景公，容庚斷在秦桓公，
這些都是有爭議而尚待解決的問題。但是「標準器斷代法」，
確實提供後世研究青銅器銘文的學者一個斷代的準則。

　一九三一年十一月，郭沫若往東京看望友人美蒂，談及國
內革命思潮的發展，上海及北平一切的文化運動狀況，也談到
自己在日本生活的苦狀，和著譯的困難。當從美蒂的口中獲悉
國內許多青年對他十分敬佩，甚至有人因讀他的《橄欖》一書

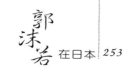

而被殺害時，不禁感慨萬分，認為自己害了不少青年人，而他自己心有餘而力不足，只能在日本為中國的青年們祈福。

一九三二年三月二十五日，郭沫若的母親在故鄉病歿，享年七十六歲。因在海外，不能奔喪，由長兄橙塢代表兄弟四人作〈先妣事略〉、〈祭母文〉，其中有言：「我有國門不得入，我有家山不得歸，吾母鞠育深恩，付之一場夢幻，生不能侍晨昏，病不能奉湯藥，死不能視含殮。」(《年譜》，頁268)

一九三五年十月，郭沫若應東京中華基督教青年會總幹事馬伯援之邀，往青年會演講，講題為〈中日文化的交流〉。他認為中國文化與日本文化的不同，在於面對歐美文化時有不同的背景與態度，以至於有著不同的結果，他說：

中國與歐美一接觸是失敗了的，而日本與歐美一接觸卻收到了很大的成功，這是什麼道理？為什麼資本主義以前，中國很容易接受外來文化，而資本主義以後，卻很不容易接受？為什麼日本能成功，而中國不能成功？論時期，在接觸上中國早過日本，明末西歐文化已經傳到東方來了。……為什麼三百年前已經傳到的西歐文化，三百年後仍趕不上？日本接觸西歐文化的時期很短，有些還是由中國間接傳過來的。……那末為什麼日本可以成功，而中國卻不能成功？……第一，是中國地大物博。中國的土地寬大，出產豐富，而且人口密度也不大，人民的生活即在舊有的生產方法之下已足夠維持，故對於新的生產手段沒有積極的要求。因此對於新文化、科學知識不易接受。……第

二，中國週邊的民族的文化比中國低，生活要求也低，不
能促進中國生產力的發展。……第三，是中國固有文化的
負擔太重了。資本主義以前的文化，年代太久，至少有三
千年，所以對過去的文化懷著一種憧憬，對新的文化發生
牴觸，往往視歐美為夷狄之邦。……在變革時期便不免是
一個很大的負擔了。第四，中國文化在明末就已經與西歐
文化接觸，假如聽其自然發展下去，三百年間，當然可以
發展出一個東西來。但是，在這中間受了一大打擊，就是
滿洲人入關，用中國的舊文化來統治中國，用明朝的辦法
來治理中國人。……在這期間，許多聰明人的頭腦都陷在
八股文裡，……也有許多有反抗性的人，但仍然跳不出
《五經》、《三傳》。（《郭沫若文集》，第18卷，頁85-87）

日本卻根本不同。他接受西歐文化所以得到成功，是因為：

第一，日本的範圍小。第二，中國民族的要求足以促進日
本生產發展。第三，日本雖然有它的固有文化，有中國傳
來的文化，但過細的說起來，日本的負擔沒有中國那樣
重，所以便走得快。第四，是日本在變革時代產生了明治
天皇，在他下面的為政者如西鄉隆盛、大久保利通、木戶
孝允、伊藤博文等，對文化的指導都很合理。（同上，頁
88）

在分別對其原因作了分析後，指出：

中國人的頭腦並不比歐洲人劣等。……希望我們中國人利用我們的優秀的頭腦，批判地接受既成文化的精華，努力創造出更高一級的新的文化。（同上，頁90）

在演講進行中，會場內頭一兩排都坐滿了日本的便衣警察，演講結束後，更有人往台上扔梨和蘋果，狂呼「打倒共產黨郭沫若」，但郭沫若始神色自若，面不改色，在友人的掩護下離開會場。

一九三七年七月，郭沫若與來訪的金祖同交談對「七七事變」的看法，他憤怒地揭露日本天天在報紙上欺騙他們的人民，歪曲報導盧溝橋事變的起因，憂慮如此下去，日本人的野心是永無止境的。認為唯有中國人民以鐵血來對付他們，才能阻絕日本人的進蝕。由於這次的談話，使郭沫若醞釀回國的事宜，透過錢瘦鐵和金祖同、王芃生的幫助，準備回國。他曾書〈遺言〉一紙，說：

臨到國家需要子民效力的時候，不幸我已被帝國主義者所拘留起來了。不過我絕不怕死辱及國家，帝國主義的侵略，我們唯有以鐵血來對付他。我們的物質上的犧牲當然是很大，不過我們有的是人，我們可以從新建築起來的。精神的勝利可說是絕對有把握的，努力吧！祖國的同胞！（《年譜》，頁342）

寫好後即交給金祖同，希望當自己萬一遭到不測，能帶回國內
發表。又為免使安娜在自己走後受鄰居的譏諷，特意製作「信
文」式的卡片，以便將來散發給左鄰右舍。卡片上假託此次因
匆忙接任上海孔德研究所所長，故來不及一一辭行即回國。之
後，從國民黨政府駐日本大使許世英處領取的路費兩百元，金
祖同又送來王凡生匯來的路費三百元，行色匆匆，請大使館代
拍一電報通知郁達夫來接他。七月二十四日晚，回國的事已被
安娜察覺，但安娜見郭沫若心意已決，也不便再多說什麼。

　　二十五日早晨，郭沫若決定趁妻兒熟睡時離去，化名「楊
伯勉」，湖南長沙人。由金祖同、錢瘦鐵陪同，乘車經橫濱、
神戶，再改乘加拿大公司的「日本皇后號」輪船，於晚上九點
起碇回國。開船前，曾寫信致許世英，感謝他在經濟上給予幫
助。同時，又分別致日本市川市憲兵分隊長和警察署長信，道
謝他們十年來「保護」的殷勤，並懇求對於他所留下來的室家
加以照顧。二十七日下午，郭沫若抵達上海，國民黨政府行政
院政務處長何廉專程從南京趕來迎接，與郭沫若商談並解釋國
內和南京的情形意旨。國內的友人們聞訊後紛紛趕來探望。三
十日，他在寓所接待記者，說：「中國的前途，實在也不宜過
分悲觀，只要每個人不把個人生命看得太重要就好了。」(《年
譜》，頁344）當日，由中央執委會決定，國民黨當局取消了
對郭沫若的通緝令。郭沫若也從此投入了對日抗戰的行列。㉖

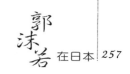

五、結語

　　郭沫若兩次去國十年，第一個十年，由於還是學生的身分，在日本除了讀書，就是創作，即使是為家庭奔波勞累，生活雖然過得清苦，但在他的心中仍感到溫馨與滿足。但是第二個十年，卻遭遇到不少的困難。雖然自一九二九年以後，他在寫作和翻譯方面的產量增多，並且受到李一氓的幫助，在上海文化出版界為之奔走活動，所有稿件都能刊出，收入漸豐，生活趨於穩定。但是在精神上的壓力和痛苦並未減輕，因為日本警察始終把它當作外國的政治犯來看待，不放鬆對他的監視。對於同樣是到日本遊歷的郁達夫、周作人等文人，卻受到日本文化界客氣的接待，對郭沫若而言，其心情的鬱悶與不平，對流亡生活的厭倦，希望恢復自由身，期待恢復過去的社會地位，是非常迫切的。但是，回國談何容易？他一方面是政府通緝的人，沒有特殊的表現或明顯的轉變，難以取消通緝令；一方面共產黨的勢力日漸壯大，構成政府的威脅。政府一邊圍剿

㊱ 1948 年郭沫若在香港《華商報》副刊寫自傳第 3 卷〈洪波曲〉時，透露其中的消息：「大革命失敗，我到日本去亡命，經過了十年，一直到盧溝橋事變發生，我才又回國來了。事前是經過南京政府的諒解的，八月初取消了我的通緝令，……張岳軍那時曾親自對我說，政府允許我回國，是在盧山會議時他向蔣提出而得到諒解的。通過陳公洽（陳儀），再由郁達夫（時在福建省府任事）通知我，那是五月裡的事，當時沒有請我回來，是顧到我的安全。但到事變發生後，我竟『毅然』地回來了。」

共產黨，一邊壓制上海
「左翼作家聯盟」的組織
與活動，在這樣的情況
下，郭沫若只能望洋興
嘆。

不過，由於郭沫若
在日本期間，致力於甲
骨文、金文與上古社會
的研究，學術上的成

紀念碑

績，沖淡了他的政治色彩。九一八事變後，日本侵略中國的行
動日趨積極，國民政府開始進行抗敵救亡的準備，郭沫若久居
日本，對於日本的情況甚為了解，可能成為相關單位考慮延攬
的一個對象。另外，國內政壇上的重要人物或文化界的朋友，
不斷為郭沫若奔走，終於設法為他取消了通緝令，順利回到他
睽違十年的祖國。在這十年中，他完成了許多古文字學的著
作，並鑒於殷墟出土甲骨多流入日本，即以寄寓日本之便，從
事探訪，想要徵及諸家所藏而集結成一書，先後往東京大學考
古學教室、上野博物館、東洋文庫以及林泰輔博士、中村不
折、中島蠔山、田中慶太郎等處得見甲骨兩千片以上，對保存
我國古代文物不遺餘力，以一個流亡海外，每天都得受到日本
警察監視的學者來說，沒有如此豐沛的學術熱誠，是無法作到
這樣的程度的。

相關文獻

崔萬秋、魯人　郭沫若在日本

　　　　　新時代月刊　第4卷第3期　1933年4月

實藤惠秀　郭沫若の日本留學時代

　　　　　アジア文化圖書館開館記念論文集——アジア文化

　　　　　の再認識　頁265-304　東京　朝日新聞社　1957

　　　　　年5月

島田政雄著，林煥平譯　郭先生與日本

　　　　　青海湖　1979年4月號（總第118期）　頁79-82

　　　　　1979年4月

武繼平　郭沫若留日十年（1914-1924）

　　　　　重慶　重慶出版社　430面　2001年3月

柳尚彭　郭沫若的日本之行

　　　　　語文教學通訊　1980年第1期　頁13-14轉頁12

　　　　　1980年1月

劉德有著，村山孚譯　郭沫若日本之旅

　　　　　東京　サイマル出版　1992年1月

蔡　震　文化選擇的困惑——從郭沫若在日本談起

　　　　　延安大學學報（社會科學版）　1989年第4期

　　　　　頁52-56　1989年

黃侯興　郭沫若與日本文化

　　　　　郭沫若學刊　1990年第3期　頁1-8　1990年

袁荻涌　　郭沫若與日本文學

　　　　　貴州社會科學　1992 年第 2 期　頁 28-31 轉頁 37
　　　　　1992 年

唐世貴　　郭沫若與日本文學

　　　　　郭沫若學刊　1996 年第 2 期　頁 60-65　1996 年

戈寶權　　郭沫若的著作在日本

　　　　　文獻　1979 年第 1 輯　頁 140-151　1979 年 12 月

陳開鳴　　郭沫若研究的新拓展──讀「文學家郭沫若在日
　　　　　本」

　　　　　郭沫若學刊　1995 年第 3 期（總第 33 期）　頁 74-
　　　　　76　1995 年 9 月

李青葆　　櫻花國裏的愛情曲──郭沫若和他的日本妻子安娜

　　　　　百花　1986 年第 10 期　頁 2　1986 年

陳石原　　郭沫若日裔妻子郭安娜

　　　　　傳記文學　第 56 卷第 6 期（總第 337 期）　頁 64-
　　　　　68　1990 年 6 月

胡清和　　櫻花淚──郭沫若與日本女子佐藤富子的愛情故事

　　　　　思源　第 45 期　頁 14-19　1994 年 10 月

魏奕雄　　郭沫若與佐藤富子

　　　　　名人傳記　1992 年第 1 期　頁 68-76　1992 年

萬國雄　　還君明珠雙淚垂──郭沫若的異國婚姻

　　　　　中外雜誌　第 62 卷第 6 期（總第 370 期）　頁
　　　　　139-143　1997 年 12 月

谷輔林，唐燕能主編　郭沫若和他的日本妻子

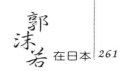

上海　學林出版社　6,329 面　1999 年 12 月

不著撰者　郭沫若の孫・郭允さんのコンサート――祖父は日
　　　　　本に留學・亡命した知日家、孫はただいま朝日新
　　　　　聞のカメラマン（グラビア）
　　　　　週刊文春　第 28 卷第 47 期　1986 年 12 月

李華飛　　關於郭老在東京的回憶
　　　　　抗戰文藝研究　1984 年第 1 期　頁 18-19　1984 年
　　　　　3 月

邱宗功　　郭沫若與在華日本人民反戰同盟
　　　　　貴州師範大學學報（哲學社會版）　1986 年第 4
　　　　　期　頁 18　1986 年

顧偉良　　日本留學期（1914-1923）の郭沫若―1―自我の
　　　　　形成と詩の方法に關する一考察
　　　　　弘前學院大學、弘前學院短期大學紀要　第 28 期
　　　　　頁 1-14　1992 年 3 月

顧偉良　　日本留學期（1914-1923）の郭沫若―2―その
　　　　　「生の苦悶」と「內面生活」
　　　　　弘前學院大學、弘前學院短期大學紀要　第 29 期
　　　　　頁 55-70　1993 年 3 月

名和悅子　岡山における郭沫若
　　　　　中國研究月報　第 570 期　頁 1-18　1995 年 8 月

武繼平　　福岡における郭沫若
　　　　　九州中國學會報　第 36 卷　頁 126-144　1998 年 5 月

朱壽桐　　日本博多灣風物與郭沫若研究的幾個問題

新文學史料　2000年第3期　頁177-187　2000年
8月

沈鴻鑫　田漢、宗白華、郭沫若與《三葉集》
圖書館　1994年第1期　頁74-75　1994年

陳明遠　三葉傳詩情──郭沫若、田漢、宗白華的友誼
人物　1980年第1期　頁21　1980年

陳明遠　田漢和郭沫若友誼紀要
戲劇論叢　1984年第1輯　頁25　1984年

杜方智　披肝瀝膽，情常誼深──郭沫若與田漢的友誼
零陵師範高等專科學校學報　1994年第4期
1994年

杜方智　交相輝映兩巨星──郭沫若與田漢的友誼
湖南黨史　1995年第3期　頁32-35　1995年

劉　平　真情永存，友誼常青──記郭沫若與田漢交往
郭沫若學刊　1999年第2期　頁77-93　1999年6月

上垣外憲一　魯迅和郭沫若的日本留學時期
比較文學研究　第26期　頁140-146　1974年11月

岡田英弘　日本を愛した中國人──陶晶孫の生涯と郭沫若
中央公論　第95卷第15期　頁184-199　1980年
12月

澤地久枝　日中の懸橋　郭をとみと陶みさを──郭沫若と陶
晶孫の妻となった日本人姉妹の二筋の人生（昭和
史のおんな〔5-1〕）
文藝春秋　第59卷第4期　頁378-401　1981年4月

郭沫若在日本 263

澤地久枝　日中の懸橋　郭をとみと陶みさを──郭沫若と陶
　　　　　晶孫の妻として日中戰爭を生きた日本人姉妹（昭
　　　　　和史のおんな〔5-2〕）
　　　　　文藝春秋　第 59 卷第 5 期　頁 384-410　1981 年 5 月
趙安博　　郭老和日本友人
　　　　　日本文學　1984 年第 2 期　頁 61　1984 年
吉少甫整理　郭沫若給田中慶太郎的信
　　　　　出版史料　1990 年第 2 期　頁 29-34　1990 年 6 月
吉少甫　　郭沫若和田中慶太郎
　　　　　出版史料　1990 年第 2 期　頁 35-38　1990 年 6 月
魏奕雄　　郭沫若與田中慶太郎
　　　　　郭沫若學刊　1992 年第 1 期　頁 71-74　1992 年
伊藤虎丸　增井經夫氏藏郭沫若致文求堂田中慶太郎書簡刊印
　　　　　緣起──付田中慶太郎關係資料目錄初稿
　　　　　東京女子大學比較文化研究所紀要　第 53 期　頁
　　　　　1-19　1992 年 1 月
劉德有　　珍貴的墨跡──日本發現郭老在三十年代寫的日文
　　　　　書簡
　　　　　人民日報　第 7 版　1980 年 6 月 2 日
丁茂遠　　羨君風格獨嶕嶢──讀郭沫若流亡日本十年的詩詞
　　　　　郭沫若學刊　1996 年第 2 期　頁 58-64 轉頁 83
　　　　　1996 年
康　平　　郭沫若早期的身邊小說和日本的「私小說」
　　　　　瀋陽師範學院學報（哲學社會科學版）　1988 年

第3期　頁49-54轉頁15　1988年7月

靳明全　　郭沫若戲劇與日本歌舞伎

　　　　　甘肅社會科學　1994年第4期　頁86-90　1994年
　　　　　7月

柘植秀臣　日中學術交流と郭沫若先生

　　　　　中國研究月報　第366期　頁1-5　1978年8月

蕭斌如　　中日兩國文化交流陣地——沫若文庫

　　　　　郭沫若學刊　1991年第4期　頁76-77　1991年

蘇德昌　　中國人の日本觀——郭沫若

　　　　　奈良大學紀要　第29期　頁1-25　2001年3月

姚　南　　郭沫若と初期文藝思想の形成——外來文化受容の
　　　　　要件に關する一考察

　　　　　國際學論集　第28期　頁31-45　1992年1月

程啟華　　論西方泛神論思想對留學日本的青年郭沫若的影響

　　　　　四川外語學院學報　1994年第4期　頁37-41
　　　　　1994年

夏曉鳴　　魯迅、郭沫若、郁達夫留學日本及藝術個性之比較

　　　　　學術研究　1987年第3期　頁79-85　1987年

陳鑒昌　　郭沫若田漢早期話劇思想價值比較

　　　　　西南民族學院學報（哲學社會科學版）　2001年
　　　　　第8期　頁83-86　2001年8月

西村富美子　日本近代文學に於ける中國文學との交流——谷
　　　　　崎潤一郎：謝六逸、田漢、郭沫若、歐陽予倩など

　　　　　愛知縣立大學外國語學部紀要　言語、文學編　第

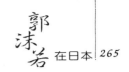

32 期　頁265-289　2000 年

鈴木義昭　郭沫若「女神」とホイットマン──有島武郎を軸
　　　　　として

　　　　　中國古典研究　第20 期　頁180-191　1975 年1 月

中村文雄　研究ノート──福井準造の「近世社會主義」と郭
　　　　　沫若と森鷗外

　　　　　國史談話會雜誌　第26 號　頁39-42　1985 年12 月

蔡曉軍　　史料の尊重と史料の解釋──森鷗外と郭沫若の歷
　　　　　史小說の比較

　　　　　實踐國文學　第44 期　頁139-151　1993 年10 月

蔡曉軍　　留學體驗と文學──森鷗外と郭沫若の文學形成に
　　　　　ついて

　　　　　實踐國文學　第45 期　頁121-137　1994 年3 月

靳明全　　論郭沫若小說與森鷗外《舞姬》的懺悔意識

　　　　　重慶師院學報（哲學社會科學版）　2001 年第4
　　　　　期　頁14-23　2001 年12 月

辜鴻銘在日本

林慶彰 *

一、前言

　　清末民初的碩儒辜鴻銘，晚年曾到日本、臺灣講學。到臺灣的時間，訪問哪些單位，作過什麼演講，從來沒有學者作較深入的研究。一九九四年年底起，筆者因編輯《日據時期臺灣儒學參考文獻》（臺北：臺灣學生書局，2000 年 10 月），順便注意到辜氏到日本、來臺灣的活動情形。將從各報刊中蒐集到與辜氏來臺有關的報導、評論彙集成〈辜鴻銘來臺相關報導彙編〉，刊於《中國文哲研究通訊》十一卷三期（2001 年 9 月）中。後來，我根據這份資料，完成〈辜鴻銘在臺灣〉一文，收入本人和陳仕華先生主編的《近代中國知識分子在臺灣》（臺北：萬卷樓圖書公司，2002 年 10 月）中。有關辜鴻銘來臺的情況，也有了較深入的論述，對想了解辜氏晚年經歷和思想的讀者來說，這些工作也盡了補闕的作用。

　　至於辜鴻銘到日本講學的大概情形，早先已有學者注意，

＊ 林慶彰，中央研究院中國文哲研究所研究員。

辜氏的相關論著也大都有論
及。①這次,要編輯《近代
中國知識分子在日本》,其
中有辜鴻銘的部分,由於我
已編輯〈辜鴻銘來臺相關報
導彙編〉,又寫了〈辜鴻銘
在台灣〉,這篇〈辜鴻銘在
日本〉也祇好由我來執筆。

辜鴻銘 像

二、赴日前與日本之
因緣

　　辜鴻銘民國十三年(大正13 ,1924)應大東文化協會之
邀,赴日本訪問的。在赴日之前,與日本已有相當密切的關
係。

　　最值得注意的是辜氏所納的妾吉田貞子,是日本心齋橋
人。吉田氏的出身如何,相關文獻沒有詳細的說明。辜氏在何

---

① 討論辜鴻銘赴日講學的文章有:(1)黃興濤:〈誤望東瀛:晚年的
赴日講學〉,黃氏著:《文化怪傑辜鴻銘》(北京:中華書局,
1995 年5月),第11章,頁330-352 。(2)黃興濤:〈日本「辜鴻銘
熱」的內幕〉,收入孔慶茂、張鑫編:《中華帝國的最後一個遺老
──辜鴻銘》(南京:江蘇文藝出版社,1996 年12月),頁243-
247 ;該文又收於宋炳輝編:《辜鴻銘印象》(上海:學林出版
社,1997 年12月),頁231-237 。(3)李玉剛:〈晚年講學東瀛〉,
《狂士怪傑──辜鴻銘別傳》(北京:人民文學出版社,2002 年4
月),頁376-381 。

時、何地遇見這位日本小姐也沒有正確的記載，辜氏訪臺前，《臺灣日日新報》有題為〈碩儒辜鴻銘博士，二十二日乘扶桑丸來臺灣〉的報導，其中說：「他所以會愛日本，讚嘆日本的原因，就如眾所皆知的，是跟他救了一位被賣到廣東一家日本酒樓來的一位日本少女，而且還跟這位少女結婚有關係。」②如果這報導無誤，這少女應該是吉田貞子。③辜氏有關日本的知識大都來自吉田貞子，可以說吉田貞子奠定了辜鴻銘日本觀點的理論基礎。後來，吉田病死，辜氏曾作詩紀念：「此恨人人有，百年能有幾，痛哉長江水，同渡不同歸。」④可見辜氏對她用情甚深。

除了與吉田貞子的夫妻關係外，自清光緒十五年（1889）張之洞調任湖廣總督，辜氏隨張氏移駐武昌，在武昌期間，跟日本人也頗有接觸。清光緒二十三年（1897），日本海軍少佐松枝新一率領該國軍艦來遊長江。到武昌時，往訪辜氏，辜氏到戰艦答禮，作〈贈日本國軍少佐松枝新一氏序〉，提出學習日本明治後的強國之道說：「日本之所以致今日之盛，固非徒恃西洋區區之智術技藝，實由其國存有我漢、唐古風，故其士

② 見《臺灣日日新報》，大正 13 年（1924）11 月 20 日。
③ 有關辜鴻銘的著作，討論到吉田貞子的，有下列數種：(1)〔法〕弗蘭西斯・波里：《中國聖人辜鴻銘》，頁 235-236。收入黃興濤：《閑話辜鴻銘》（桂林：廣西師範大學出版社，2001 年 1 月），附錄。(2)黃興濤：〈日本愛妾吉田貞〉，《閑話辜鴻銘》，第 9 章〈舊式婦人的癡情漢〉，頁 162-165。(3)李玉剛：〈安眠藥：日籍美妾吉田貞子〉，《狂士怪傑——辜鴻銘別傳》（北京：人民文學出版社，2002 年 4 月），第 12 章，頁 386-390。
④ 這詩的第二句有的書作「百年能幾回」。

知好義，能尚氣節故也。」⑤

　　光緒二十六年（1900）五、六月間義和團入北京、天津，八國聯軍由天津向北京進攻。辜氏對義和團事件，撰寫〈中國人對於皇太后陛下及其政權真實感情的聲明〉⑥等一系列英文專論，分別發表於橫濱《日本郵報》、上海《字林西報》，分析義和團起義的原因，指責八國聯軍的入侵，強調中國素以禮教立國，呼籲有關國家運用理智、道德與公理來處理此事，表明不卑不亢的態度。光緒二十七年（1901），將一年來發表於《日本郵報》和《字林西報》有關義和團運動的英文論文結集成書，定名為《尊王篇——一個中國人對義和團運動和歐洲文明的看法》。由上海別發洋行出版。

　　光緒三十年（1904）二月，日、俄兩國在中國土地上開戰，至次年九月結束。辜氏在這兩年間寫了一系列專論，寄投《日本郵報》，如〈當今統治者請深思：日俄戰爭的道德因素〉，將此一戰爭歸咎於西方列強亞州政策的錯誤，即對中、日等亞洲國家只知憑藉武力干涉而未用理智。對「堅持來到中國和日本」的歐洲人提出嚴厲的批判，對日本的態度則相當偏袒。光緒三十二年（1906）年初，將有關日俄戰爭的文章結集出版，定名為《當今統治者請深思：日俄戰爭的道德原因》。

　　光緒三十三年（1907），鷲澤吉次來華擔任《時事新聞》社駐北京通訊員，不久結識辜鴻銘。由於鷲澤氏對中國傳統文

---

⑤ 見《張文襄幕府記聞》，收入黃興濤編譯：《辜鴻銘文集》（海口：海南出版社，1996年8月），上冊，頁462。

⑥ 見《尊王篇（總督衙門文集）》，收入《辜鴻銘文集》，頁19。

明的喜愛和對辜鴻銘的欽佩，開始與辜氏有了較密切的交往，
民國八年（1919）鷲澤吉次創辦《北華正報》（North China
Standard），經常向辜氏邀稿，彼此友誼日漸深厚。

　　民國十年（1921），日本名作家芥川龍之介以新聞社海外
特派員身份來華，專程探訪辜鴻銘。⑦民國十二年（1923）當
美國對日本和東方其他民族的歧視變本加厲時，鷲澤吉次徵得
辜氏同意，由《北華正報》重新出版了辜氏的《尊王篇》。民
國十三年（1924）七月，辜氏的〈中國文明的復興與日本〉一
文，經鷲澤氏的推薦在《大東文化》刊載。

　　根據以上的敘述，辜鴻銘在正式訪問日本之前，已與日本
有密切的關係。其關係約有下列數點：(1)納日本女子為吉田貞
子為妾。從吉田獲得有關日本的知識。(2)八國聯軍和日俄戰爭
期間在橫濱《日本郵報》，發表時事評論，譴責歐洲人，偏袒
日本。(3)與日本中國通鷲澤吉次建立深厚的友誼，為日後辜氏
訪問日本搭建溝通的橋樑。(4)芥川龍之介專程探訪辜氏。(5)鷲
澤吉次重新出版辜氏的《尊王篇》，並推薦辜氏的論文在《大
東文化》刊載。

三、兩次訪日的大概行程

　　辜鴻銘由於愛妾吉田貞子的關係，對日本本來就極有好
感，加上從光緒十五年（1889）起擔任張之洞的幕僚，有機會

---

⑦ 芥川龍之介有《支那遊記》（東京：改造社，1925 年），其中有訪
　問辜鴻銘的片斷。

和日人接觸，對日本也頗多憧憬。所以，日本財團法人大東文化協會提出邀請時，辜氏也就欣然同意。

辜鴻銘於民國十三年（1924）和十四年（1925）兩度訪問日本。由於資料不足，各研究辜氏的論著，皆無法列出正確的行程。本小節根據各家記載整理而成，有許多事無法查證，恐怕有誤記的地方，敬請諒解。

辜鴻銘手迹

民國十三年（大正13，1924）九月

辜鴻銘由鷟澤吉次推薦，朝鮮總督齋藤實具名邀請，從北京到朝鮮首都漢城訪問。日本財團法人大東文化學會順便邀請辜氏訪問日本。

民國十三年（大正13，1924）十月十日

辜氏抵達東京，受到大東文化協會負責人山本悌二郎和其他各方面人士的熱烈歡迎，大東文化協會幹事薩摩雄次負責具體接待工作。

到達東京不久，辜氏開始在東京、京都、大阪、神戶、濱

松等地，以流利的英語巡迴演講。由文獻資料不足，辜氏在各地演講的時間、地點、講題，都無法確定。少部分知道講題的，確切演講時間，也有待考查。在大東文化協會的講題是〈中國文明的歷史發展〉，在日本東京工商會館的講題是〈東西文明異同論〉。⑧

民國十三年（大正13，1924）十月二十二日

應臺灣族弟辜顯榮之邀，於本日乘扶桑丸赴臺灣。二十二日抵達臺灣。⑨

民國十四年（大正14，1925）四月下旬

辜氏再度應大東文化協會的邀請，攜夫人和女兒赴日本。先暫住帝國飯店。經薩摩雄次的協助，以月租五十元在麴町平河町一丁目租下馬場氏日洋合璧式的公寓。從帝國飯店遷入。

同年五月

在《大東文化》五月號，發表〈告準備研究中國文化的歐美人〉、〈壯士行〉等文。

同年五月二十至二十八日

由東京《日日新聞》事業部長小野賢一郎提議，與大東文化協會聯合主辦，請辜氏到東北五縣作巡迴演講，由五月二十

---

⑧ 這些講稿原收入日本大東文化協會刊行的《辜鴻銘講演集》（1925年）中，後再收入薩摩雄次編《辜鴻銘論集》（東京：皇國青年教育協會，1941年）中。這兩書已由黃興濤翻譯，收入《辜鴻銘文集》下冊中。

⑨ 辜鴻銘在臺活動情形，請參見林慶彰編、藤井倫明譯：〈辜鴻銘來臺相關報導彙編〉，《中國文哲研究通訊》第11卷第3期（2001年9月），頁167-212。

日至二十八日，每日下午和晚上各演講一次，擔任翻譯的是圓地與四松氏。

辜氏在新潟縣演講時，接到張作霖的電報，擬聘請辜氏擔任政治顧問。

同年六月中旬

辜氏由薩摩雄次陪同，於六月中旬到達滿州。辜氏與張作霖前後面晤四次，未接受張作霖的邀請。

滿州的漢文報紙刊出辜氏謝絕張作霖聘請的理由是：「我可以為建設助一臂之力，而對於破壞卻無能為力。且我歷來都是一個中日親善論者，對於離間中日關係的政策方略則一無所知。」⑩

同年七月

在《大東文化》發表〈政治與社會的道德基礎〉。

本年夏季辜氏參加大東文化協會開辦的夏期講演會，并出任大東文化學院臨時教授，講授東洋文化及語言學。辜氏特異的風格和敏銳的洞察力，深得青年學子的愛戴。

同年十一月

在《大東文化》發表〈中國文明的真正價值〉。

民國十五年（大正15，1926）三月

在《大東文化》發表〈中國古典的精髓〉。

民國十六年（昭和2，1927）秋

辜氏從橫濱乘船離開日本。當天來送行的只有薩摩雄次一

---

⑩ 見薩摩雄次：〈追憶辜鴻銘先生〉，收入《辜鴻銘文集》，頁332-342。

人。⑪

民國十七年（昭和3，1928）

被委任為山東大學校長，未赴任。

四月三十日下午三時逝世於北京寓所，享年七十三歲。

四、論東方文化的優越性

辜鴻銘前後兩次在日本所作的演講場次很多，當然有不少場次的演講主題是重複。他的演講集日本先後結集出版兩次，第一次是《辜鴻銘講演集》（東京：大東文化協會，1925年），列入「名家講演叢書第一編」，收辜氏第一次在日本演講稿六篇，篇目如下：

1. 何謂文化教養
2. 中國文明的歷史發展
3. 日本的將來
4. 東西文明異同論
5. 關於政治經濟學的真諦
6. 綱常名教定國論

第二次是由薩摩雄次所編的《辜鴻銘論集》（東京：皇國青年教育協會，1941年），此一論集收集辜氏前後兩次演講的講稿編輯成書，因此有不少內容與《辜鴻銘講演集》重複。茲將本論集的篇目臚列如下：

---

⑪ 同前註。

1. 中國文明的復興與日本

2. 何謂文化教養

3. 中國的婦女

4. 中國學

5. 中國古典的精髓

6. 中國文明的歷史發展

7. 東西文明異同論

8. 告準備研究中國文化的歐美人

9. 什麼是民主

10. 綱常名教定國論

　　從這兩本論集，可以窺知辜氏演講的內容相當豐富，但主要的論點大抵在東方文明的優越性、中日兩國關係論兩項。現在先討論東方文明的優越性。

　　辜鴻銘由於留學英、德多年，對西方文化有相當的了解。當他回到國內，重新接觸中國文化時，免不了對中西文化有所比較。出乎意料地，他卻對西方文化採取了相當排斥的態度。例如：清光緒二十二年（1896）他在〈上湖廣總督張書〉中，明確表達了他對西方近代民主的排斥態度。對儒家的尊王之旨、義利之辨和忠恕之教則相當程度的信服。⑫隨著列強侵略中國的日益加劇，他對西方文化的批判也更加激烈，在光緒二十七年（1901）出版的《尊王篇》一書中，他不僅譴責西方列強對中國政治壓迫、軍事侵略、民族和文化歧視，並痛斥西人

---

⑫ 見黃興濤：《文化怪傑辜鴻銘》（北京：中華書局，1995 年 5 月），第 5 章〈中西文明觀（上）〉，頁150。

在華的種種罪行，而且還公開與西方人爭辯中西文化的優劣。後來，在辜氏的各種著作中，都可看到東西文化比較的論點。

辜氏在日本講學所論的東西文化問題，集中在〈東西文明異同論〉和〈什麼是民主？〉兩篇文章上。這兩篇所言並非有新的觀點，祇不過是早年觀點較系統化的論述而已。在〈東西文明異同論〉中，他認為東西文明的根本差異在於：

> 東洋文明就像已經建成了的屋子那樣，基礎鞏固，是成熟了的文明；而西方文明則還是一個正在建築當中而未成形的屋子，它是一種基礎尚不牢固的文明。⑬

他認為東方文明是已完成的、成熟的；而西方文明是未完成的、尚未成熟，這是辜氏東西文明異同論最根本的觀點。在〈東西文明異同論〉中曾兩次強調這個觀點。

為了仔細說明東西文明的差異，他從個人生活、教育問題、社會問題、政治問題、文明問題等五個問題來論述。茲將辜氏的論點摘要敘述如下：

㈠個人生活

他認為作為個人，首先要考慮的是人生活的目的，但是歐洲人從來沒有思考過人是什麼，也就是說歐洲人沒有正當的人生目標。但是東洋人早已領會人生的目的，那就是「入則孝，

---

⑬ 見《辜鴻銘文集》，頁303。

出則悌」，即在家為孝子，在國為良民。這就是孔子教導我們的人生觀。

由於東西方人生活的目的有相當的差異，辜氏再舉例說明東西方人生觀的差異。他認為西洋人為賺錢而活著，東洋人是為享受人生而創造財富，這就是孔子說的「仁者以財發身，不仁者以身發財」。

(二)教育問題

辜氏認為中國的初等教育主要是教孩子們使用他們的記憶力，而不注意讓他們使用判斷能力。在西洋，從孩提時代起，就對他們灌輸艱深的哲學知識。在中國則是在高等教育階段方才對學生講授深奧學問的。辜氏以為中國的作法相當難能可貴，而像西方，把哲學那樣深奧玄虛的東西講給孩子聽是不合適的。

(三)社會問題

辜氏認為東洋的社會是立足於道德基礎之上，而在西洋則是建築在金錢之上。換言之，在東洋，人與人之間的關係是道德的關係，而西洋則是金錢關係。

所謂道德關係是夫妻、父子、君臣的天倫關係，這就是辜氏所說的「大義名分」。東洋社會就是靠這個「大義名分」來維繫社會的安定。辜氏認為在美國並非如此，它們人與人之間只有利害關係，人與人的關係只建築在金錢的基礎之上。

東洋社會的倫常關係、大義名分，主要是建立在「親

親」、「尊尊」的基礎上。我們熱愛父母雙親、服從他們;也服從比我們傑出的人,因為他們的人格、智德等值得我們尊敬。

(四)政治問題

辜氏認為初期的西方政治是以「神道設教」來維繫政治的穩定,接著是用強權政治,也就是實行警察統治,靠警察來保障社會的安寧和秩序。最近的歐洲大戰,就是強權政治的結果。在東洋,沒有對神和對警察的恐懼,怕的是「良心」,也就是廉恥和道德觀念。在中國,歸還所借的錢,並非怕律師,也不是怕法院追究,而是怕良心不安。辜氏認為:「我們遵守的是三綱五常,一旦有這個,就不用警察了。」

(五)文明問題

辜氏認為所謂「文明」,是指美和聰慧。辜氏認為東西文明的差異是,歐洲文明把製作更好的機器作為自己的目的,而東洋則是把教育出更好的人作為自己的目的。所以,羅馬時代的文明是物質文明,現在的歐洲文明則是純粹的機械文明。

從上文的比較就可以看出東西文明的差異,從辜氏所描述的差異,也可看出東方文明比西方文明優越。雖是如此,但辜氏認為東西文明終有融合的一天。辜氏說:

有名的英國詩人吉卜林(Kipling)曾說:「東就是東,西就是西,二者永遠不會有融合的時候。」這句話在某種意

義上說有它的合理處，東西方之間確實存在著很多差異。
但是我深信，東西方的差別必定會消失并走向融合的，而
且這個時刻即將來臨。⑭

　　辜氏所以認為東西方的文明終究會走向融合，是因為他認
為東西方文明本質上並沒有太大的差異。是已完成的房子和未
完成的房子之別而已。西方文明這棟房子一完工，也就是雙方
融合的時候。

　　綜觀辜氏對東西文明的比較，所舉問題不免以偏蓋全，且
對以儒家為主的東方社會也過於樂觀。辜氏逝世已四分之三世
紀，西方學人雖對儒家哲學有學習的興趣，但要達到影響他們
的政治、社會，還有一段漫長的道路要走。辜氏所期待的融合
時刻恐怕還有得等。

五、中日兩國關係論

　　在民國十三年（1924）辜鴻銘接受日本大東文化協會邀請
之前，辜氏從來沒有去過日本，他對日本的印象一部分來自愛
妾吉田貞子的影響，另一部分是與來華日本人接觸的結果。由
於事先即對日本存有好感，也發表過不少親日本的言論，所以
到日本後很受歡迎，到處演講。在各種演講的文章中，〈中國
文明的復興與日本〉和〈什麼是民主？〉兩篇特別討論到日本

⑭ 見前註，頁302。

人的品格和中日兩國的關係。

　　由於日本明治維新成功，是亞洲各國唯一不受到西方列強踐踏的國家，加上中日甲午戰爭、日俄戰爭，日本人都戰勝了，因此日本人逐漸驕傲起來，看不起中國人，甚至發表「脫亞論」⑮，表示不屑與亞洲人為伍。辜鴻銘也知道日本人正在驕傲，所以在〈中國文明的復興與日本〉一文中先引用弗勞德〈基督教哲學〉論文中的一個故事：

> 　　在夏日溫暖的清晨，一朵薔薇花在綠葉的襯托下，顯得分外嬌媚。這花還自我陶醉的時候，無意間看到了她的根部，看到了培育她的泥土。喲，這些泥土多骯髒呀；在花中我是最美的花，可是為什麼卻處在這樣的環境裏呢？她感嘆了一通之後，便傲然地將其臉面朝向天空，這時，小路上走來的最早的行人，將這朵花摘下，放入手中的花束當中。這樣，離開了自己泥土的花朵很快就隨著花束一起枯萎凋謝了。她的驕傲不過是短暫、瞬間的故事。⑯

　　辜氏是將美麗的薔薇花比作日本，培育這朵花的骯髒的泥土可以說是中國。薔薇花雖然驕傲，離開了培育她的泥土，不久就會枯萎。也就是日本如果拋棄培育它的東方文明，不久也將失去國家的原動力。這是在中日人民逐漸對立的氣氛中，對

⑮ 有關「脫亞論」的實際情形，請參考子安宣邦監修：《日本思想史辭典》（東京：ぺりかん社，2001 年 6 月），頁346-347 。

⑯ 見《辜鴻銘文集》，頁274 。

兩國關係的最佳詮釋。

　　辜氏為了更有說服力地去說明中日唇齒相依的關係,他再舉情況類似的英法兩國為例。他說:「中國人同日本人之間存在的對立情緒,猶如過去法國人同英國人之間的對立一樣。英法之間的對立主要起於英國人認為自己遠比法國人優越。」⑰然後,辜氏舉例說:

　　以前,英國人見到法國人居然食用田雞那樣骯髒的東西就認為法國人是劣等的人類。由於瞧不起法國人,有一段時間在英國甚至出現了以下的傳聞,說一個英國人也可以打垮六個法國人。這就是說英法之間的對立情緒主要因為英國人在法國人面前表現出自己高人一等所致。⑱

　　辜氏強調英國人所謂最優秀、最為高雅的儀態風度,若追本溯源,還是法國傳來的。這點英國人可能沒有想到。同樣地今日的日本人也瞧不起中國人,實際上,日本所以能達到今日這樣的水平,全都是向中國學習的結果。他舉江戶四十七浪士的義舉⑲,日本人對這些浪士為報主人之仇切腹自殺的行為感到驕傲。其實,這種事情中國在兩千年前就有,田橫的五百完人就是最明顯的例子。日本學者新渡戶稻造以為武士道是日本人所自創,其實其基本精神是來自中國。

---

⑰ 同前註,頁274-275。
⑱ 同前註,頁275。

　　辜氏為了更進一步強調今日日本的富強、進步實得自於中
國,他又說:

　　實際上連日本都不是真正的日本人,應該說是今日的日本
　　人是真正的中國人,是唐代的中國人,那時中國的精神,
　　今天在日本繼續著,而在中國卻已大部失傳了。在唐朝時
　　代,中國的文明如同盛開的鮮花,繁盛到了頂點。後來到
　　元朝,由於蒙古人的入侵,中國人中大約有一半被蒙古化
　　了,接受了蒙古人粗野骯髒的東西。⑳

　　他認為日本人繼承了唐代中國人的精神,所以今日的日本
人實際上是唐代的中國人,擁有中國文化的真髓。至於中國人
本身,因為蒙古人入侵,接受了他們骯髒的東西,已是蒙古化
的中國人,而非真正的中國人。其實,辜氏的觀點根本不能成
立,蒙古人統治中國不過數十年,不久,即為明朝所取代。短
短數十年,優秀的中國文化即消失殆盡,這樣的文化能算優秀

---

⑲ 即赤穗義士的故事。1701 年(元祿十四年)3 月 14 日,赤穗藩主
　淺野長矩與幕府禮儀官吉良義央發生口角,長矩刺傷了吉良義
　央。經目付調查、老中裁決,令淺野長矩切腹自盡,沒收其領
　地。1702 年 12 月 15 日,以家臣大石良雄為首,赤穗藩 47 名藩士
　報舊主之仇,襲擊吉良義央的江戶宅邸,殺死了義央一家。然後
　向幕府報告復仇始末。將幕府評定所裁定,於 1703 年 2 月令 46 人
　切腹自盡,其子女流放荒島。時人稱大石良雄等為義士、義人。
　有《赤穗義人錄》、《碁盤太平記》、《忠臣藏》等著述流傳後
　世。
⑳ 見《辜鴻銘文集》,頁276。

嗎？

　　人們不禁要問，在亞洲各國紛紛淪為西方列強的殖民地時，為何日本可以成功地阻擋西方列強的入侵？辜氏以為：

> 主要是因為日本人是一個高尚的民族的緣故。那麼，為什麼日本人成為了一個高尚的民族呢？這是因為日本的政治家在歐洲人到來的時候，不僅保存了所繼承的中國文明的表象，而且保有了其文明的精神。[21]

　　也就是日本人保有唐代中國人的精神，才能徹底阻止西方列強的入侵。

　　在日本學習西方文明的過程中，辜氏一直期盼日本能正確使用文明利器。他認為要正確使用文明利器，就必須有高尚的道德標準，也就是民族精神。日本人要從何處得到這種精神呢？辜氏說：

> 我以為已經得到了現代文明的利器的日本與其去歐美尋找，還不如回歸中國。也就是說為了恢復古來從中國繼承的道德標準，必須回歸原來的中國。[22]

　　就這一點來說，辜氏的說法似有些許矛盾，辜氏曾認為現在的日本人才是中國人，表示日本人擁有中國優秀的文化精

---

[21] 同前註，頁278。
[22] 同前註，頁280。

神。且現代的中國因受蒙古的影響,已喪失中國的真精神。既
如此,即使要日本人回歸原來的中國,又將何處找尋?更何
況,日本既擁有中國真精神,又何必再回過頭向中國學習?辜
氏所以有這種言論,似乎在勸告日本人不要像驕傲的薔薇花而
已。

　　日本既擁有中國文明的真精神,辜氏在多次演講中曾多次
呼籲日本要將這種真精神帶回給中國,如在〈中國文明的復興
與日本〉演講的結尾說:

　　如果日本只是為了保持本國以及從中國繼承的民族精神而
　　采用西方現代文明的利器,那麼,不僅不會使日本西化,
　　而且也能夠防止中國的西化,并最終依靠日本的努力將明
　　治以前日本保存著的純正的中國古代文明帶回給今日的中
　　國。這是歷史賦予日本的使命。㉓

　　在〈什麼是民主?〉一文中,辜氏也說:

　　目前保護我們共有的東方文明精髓的重任就落在了諸位身
　　上,我這次應日本大東文化協會之邀來日本,其中有一個
　　重要的使命,就是殷切希望諸位賢達繼承、維護并發揚我
　　們東方文明的精華,并把它的本來面目再度帶回到中國。㉔

㉓ 同前註,頁281。
㉔ 同前註,頁313。

從這兩段話都可以看出辜氏對日本有相當殷切的期盼，希望日本能將中國古代的文明帶回中國。這就給日本軍國主義者後來侵略中國有更正當的藉口。

在辜鴻銘離開日本的十三年後，日本卻意外的掀起一股「辜鴻銘熱」。有的日本人公開抱怨當時辜鴻銘在日本所受到的冷落。民國二十九年（1940），辜氏的

《支那人の精神》書影

《春秋大義》一書出了日文版，書名《支那人の精神》。至次年，該書在日本即重印了五次。辜氏在日本演講的講稿也由薩摩雄次重新編為《辜鴻銘論集》，擴大發行。而且，有不少日本學者都認為辜氏的言論對當時的局勢、對「大東亞文化建設」具有重要意義。如山口察常在《支那人の精神》一書序言說：「現在處於第二次歐戰和東亞事變同時爆發之際，這本著作所具有的重大意義是可以了解的啊！」「凡關心新東亞建設理念的諸君子，一定想備這樣一本書在身邊。」薩摩雄次在《辜鴻銘論集》序言也說：「辜鴻銘先生是近代以來被邀請到我國的中國學者中，對我國人最有好感，且又給人留下深刻印象的一人。……先生不僅對於時局必要，而且東亞新秩序的建設，也一定要求像先生這樣的人物及其切實的思想。」㊷

六、結語

　　當辜鴻銘的文化保守主義的立場在中國受到冷落時，由於他訪日的言論頗符合當時日本的時代需要，所以在日本產生了不大不小的「辜鴻銘熱」。雖然，辜氏是個中日友好論者，在日本所作的演講，也大多在強調中日兩國文化的傳承關係，和日本應扶持中國尋回失落的東方文明。但是，他對日本人逐漸滋長的傲慢態度，尤其是軍國主義傾向，也有所不滿。同時，對日本民族在生活習俗和觀念上的日漸西化，也感到惶恐不安。可是，當中日關係逐漸惡化，辜氏的中日友好關係論，已被日本人拋之九霄雲外，這就是為何他初次訪日時受到那麼熱烈的歡迎，而民國十六年（1927）秋，卻在薩摩雄次一人的陪同下，孤獨地離開日本的原因。

　　顯然，日本人利用辜氏的言論作為掩護，來遂行其侵略、併吞東亞的意圖，這是辜氏生前所意想不到的。如果辜氏能活得長一點，能見到日本侵略的罪行，他一定對自己早年的失言不勝欷歔！

相關文獻

王曉吟　　生在南洋，學在西洋，婚在東洋，仕在北洋——

㉕ 本段參考黃興濤：《文化怪傑辜鴻銘》，頁350-351 。

二十世紀的奇才辜鴻銘

歷史大觀園　1990 年第 10 期　1990 年

黃興濤　誤望東瀛——晚年的赴日講學

文化怪傑辜鴻銘　頁 330-352　北京　中華書局
1995 年 5 月

黃興濤　日本的「辜鴻銘熱」的內幕

中華帝國的最後一個遺老——辜鴻銘　頁 243-247
南京　江蘇文藝出版社　1996 年 12 月

孔慶茂　日本講學，獨向東瀛招迷魂

辜鴻銘評傳　頁 206-215　南昌　百花洲文藝出版
社　1996 年 12 月

張明傑　日本に夢を託す——晚年の辜鴻銘と日本

明海大學教養論文集（明海大學）　第 13 期　頁
114-123　2001 年 12 月

李玉剛　晚年講學東瀛

狂士怪傑——辜鴻銘別傳　頁 376-381　北京　人
民文學出版社　2002 年 4 月

劉香織　西洋的近代へのある文人の抵抗——辜鴻銘の訪日
講演集を中心に

東西の思想鬥爭　東京　中央公論社　1994 年 4 月

張明傑　芥川龍之介と辜鴻銘

明海大學教養論文集（明海大學）　第 12 期　頁
76-83　2000 年 12 月

大東文化協會編　辜鴻銘講演集

　　　　　　東京　大東文化協會　1925 年

黃興濤等譯　辜鴻銘講演集

　　　　　　辜鴻銘文集（下冊）　頁 245-265　海口　海南出

　　　　　　版社　1996 年 8 月

薩摩雄次編　辜鴻銘論集

　　　　　　東京　皇國教育協會　250 面　1941 年

黃興濤等譯　辜鴻銘論集

　　　　　　辜鴻銘文集（下冊）　頁 267-342　海口　海南出

　　　　　　版社　1996 年 8 月

黃興濤等譯　辜鴻銘文集

　　　　　　海口　海南出版社　2 冊　1996 年 8 月

李道振　　　辜鴻銘與東學西漸

　　　　　　福建師範大學學報（哲學社會科學版）　1996 年

　　　　　　第 2 期　頁 99-104　1996 年 4 月

喬志航　　　辜鴻銘文化保守主義透視

　　　　　　廣東社會科學　1997 年第 3 期　頁 125-132　1997

　　　　　　年 6 月

國家圖書館出版品預行編目資料

近代中國知識分子在日本 3／林慶彰主編. –初
　版.-- 臺北市：萬卷樓, 民 92
　　冊；　　公分
　ISBN 957-739-448-5(第 3 冊：平裝)
　1 知識份子—中國　2.中國－傳記
　782.238　　　　　　　　　　　92010590

近代中國知識分子在日本 3

主　　　編	林慶彰
編　　　輯	鄭誼慧、陳蕙文
出　版　者	萬卷樓圖書股份有限公司
	地址：臺北市羅斯福路二段 41 號 6 樓之 3
	電話：(02)23216565・23952992
	傳真：(02)23944113
	劃撥帳號：15624015 萬卷樓圖書股份有限公司
	網址：http://www.wanjuan.com.tw
	E-mail：wanjuan@tpts5.seed.net.tw
出版登記證	新聞局局版臺業字第 5655 號
總　經　銷	紅螞蟻圖書有限公司
	地址：臺北市內湖區舊宗路二段 121 巷 28 號 4F
	電話：(02)27953656(代表號)
	傳真：(02)27954100
	E-mail：red0511@ms51.hinet.net
承 印 廠 商	晟齊實業有限公司
定　　　價	300 元
出 版 日 期	民國 92 年 7 月初版

ISBN 957 - 739 - 448 - 5